海南科技职业大学
质量体系汇编

主　编　杨秀英　邱敏蓉
副主编　黎冬楼　刘金华
编　委　袁　澍　缪从金　王　卉
　　　　魏爱民　王　利　仲甜甜
　　　　刘成有　任文广　翟书军

中国纺织出版社有限公司

内 容 提 要

本书系海南科技职业大学的质量体系汇编，分为两部分内容，第一部分为岗位职责，第二部分为程序文件。其中岗位职责包括校级领导、质量管理办公室、学校办公室等的职责说明和替代人等；程序文件包括人才培养方案和课程标准编制、修订控制程序、招生与录取程序、学生学籍注册和毕业证书管理程序、学生档案管理程序、就业指导管理程序等。全书是海南科技职业大学三年内的工作指南和规则，对于学校工作的开展具有指导和参考性意义。

图书在版编目（CIP）数据

海南科技职业大学质量体系汇编 / 杨秀英，邱敏蓉主编. -- 北京 ： 中国纺织出版社有限公司，2022.9
ISBN 978-7-5180-9860-6

Ⅰ．①海… Ⅱ．①杨… ②邱… Ⅲ．①海南科技职业大学－教育质量－质量管理体系－汇编－2022 Ⅳ．①G642.0

中国版本图书馆 CIP 数据核字（2022）第 171383 号

责任编辑：张　宏　　责任校对：高　涵　　责任印制：储志伟

中国纺织出版社有限公司出版发行
地址：北京市朝阳区百子湾东里 A407 号楼　邮政编码：100124
销售电话：010—67004422　传真：010—87155801
http://www.c-textilep.com
中国纺织出版社天猫旗舰店
官方微博 http://weibo.com/2119887771
三河市宏盛印务有限公司印刷　各地新华书店经销
2022 年 9 月第 1 版第 1 次印刷
开本：787×1092　1/16　印张：10.25
字数：210 千字　定价：98.00 元

凡购本书，如有缺页、倒页、脱页，由本社图书营销中心调换

前　言

　　质量管理，是我校始终高度关注的问题。原因很简单，没有质量，高校的发展就没有生命力，更不用说创造办学的辉煌。

　　这本海南科技职业大学的质量管理体系汇编过多次，2012 年，当时还是海南科技职业学院的时候，就根据学校原有的管理制度，制定并发布了《船员教育与培训质量管理体系》，后又补充了财务、后勤、安全、参赛等方面的管理文件和质量记录，将其推广到全校范围内运行，并在 2017 年学校申请升格为本科职业学院之际做了新的汇编，借此全面检查学校管理制度的建设，迎接教育部专家组的评估。总体上，学校的质量管理体系在运行过程中保持了相对的稳定，也适时地做过修订，以符合学校发展的需求。

　　2018 年，学校升格为本科院校，随后更名为海南科技职业大学。几年来，学校取得了长足的进步，办学的门类更加齐全，学校的规模也不断扩大。在社会发展的新形势下，学校的质量管理体系再次进行修订是很有必要的。这次汇编的《海南科技职业大学质量体系汇编》（后文简称《质量体系汇编》）分为三部分，分别是岗位职责、程序文件和质量记录，它们是学校未来三年工作的行动指南。岗位职责告诉每一个海科人工作中有怎样的责任担当，程序文件则说明每一项工作应该怎样做，而质量记录是前两者必不可少的补充。就此而言，每一个海科人应该按照自己的岗位要求，认真阅读这本《质量体系汇编》，明白自己的工作性质、工作范围和责任所在，懂得按程序工作，以减少工作的疏漏，避免工作过程中上下衔接不畅导致的困难及管理上可能遇到的风险，把每一项工作做得更完善，更有利于学校的发展。当然我也很希望每一个海科人在执行质量管理体系发展学校时，也发展自己，让自己愉快地工作、幸福地生活。

　　学校还在发展，质量管理也会随之出现新的情况，新的问题，也许有的管理文件不能适应。请各院（部）处（室）注意发现、记录需要修改的管理内容，及时提交给学校办公室，以便在适当的时候统一修正。也请人事处注意把《质量体系汇编》及时发给院（部）处（室），并在新入职人员的培训中，加入学习质量体系的内容，帮助他们尽快地熟悉学校，知道按质量管理体系工作，更好地融入海南科技职业大学的集体中。

　　为把海南科技职业大学建设成为全国一流的职业大学，更好地培养高质量的技术技能型人才，服务海南的自由贸易港建设，我们仍然任重道远！

海南科技职业大学校长　杨秀英

2022 年 4 月 29 日

目　录

第一部分　岗位职责

第二部分　程序文件

第一部分　岗位职责

1 校级领导

1.1 最高管理者（校长）岗位职责

上级主管： 理事长

岗位职责：

1.1.1 学校的行政及教学管理实行学校理事会领导下的校长负责制。执行学校理事会或者其他形式决策机构的决定，全面负责学校的教育教学和行政管理工作，依法独立行使职权；

1.1.2 主持全校质量管理工作，任命管理者代表，根据质量管理的需要，合理配置质量管理组织机构和人员，负责制订质量方针和质量目标，审批质量手册、程序文件、校内管理文件，主持质量管理评审会议；

1.1.3 监督组织实施上级机关的有关指示、决定；

1.1.4 组织实施学校理事会制定的学校发展规划；

1.1.5 组织、拟订、修改学校规章制度，报理事会通过后组织实施；

1.1.6 组织、拟订学校年度工作计划、财务预算，报理事会通过后组织实施；

1.1.7 组织、拟订教职工岗位编制数和工资标准，报理事会通过后组织实施；

1.1.8 负责监督使用学校理事会审定的用于学校教学、科研及各项行政管理的年度预算内的资金；

1.1.9 负责监督学校教育教学、科学研究活动，保证教育教学质量；

1.1.10 监督组织实施国家有关船员教育与培训法规和规则；

1.1.11 行使学校理事会或者其他形式决策机构的其他授权。

岗位替代人： 管理者代表

1.2 管理者代表岗位职责

上级主管： 校长

岗位职责：

1.2.1 负责质量管理体系建立、实施与持续改进的管理；

1.2.2 负责向最高管理者报告质量管理体系的运行情况和改进的需求；

1.2.3 采取有效措施，不断提高教职员工的质量意识；

1.2.4 负责筹备管理评审会议，制订管理评审计划；向质量管理评审会议汇报质量体系的运行情况，接受最高管理者委托主持管理评审会议并对质量体系做出相应评价；

1.2.5 审批《年度内审计划》，任命内审组长、确认内审员；

1.2.6 监督组织实施校内外各类审核活动。

岗位替代人：最高管理者（校长）

1.3 副校长（一）岗位职责

上级主管：校长

岗位职责：

1.3.1 分管人事处、档案馆；

1.3.2 参与学校质量策划活动，为保障航海教育质量提供资源；

1.3.3 监督组织实施校长办公会所作决议和决定，向学校主要领导汇报工作中的重要情况或重大事项，提出解决问题的建议；

1.3.4 听取所分管部门负责人的工作汇报，指导并检查工作情况和学校有关规章制度的执行情况；

1.3.5 监督资产处组织实施校内外场地、设施、设备管理工作；

1.3.6 监督资产处组织实施校内外资产管理、调配、清查、评估、界定等工作；

1.3.7 监督档案馆组织实施档案管理、公章管理工作；

1.3.8 监督人事处组织实施师资队伍招聘及教职工培训工作；

1.3.9 监督人事处组织实施师资队伍职称评定工作；

1.3.10 监督人事处组织实施教职工绩效管理工作；

1.3.11 监督人事处组织实施工资核算工作。

岗位替代人：分管学校办公室副校长

1.4 副校长（二）岗位职责

上级主管：校长

岗位职责：

1.4.1 分管教务处、图书馆、质管办、船员培训中心、海事学院；

1.4.2 参与学校质量策划活动，为保障航海教育质量提供资源；

1.4.3 贯彻执行校长办公会所作决议和决定提出解决问题的建议；

1.4.4 听取所分管部门负责人的工作汇报，指导并检查工作情况和学校各项规章制度的执行情况；

1.4.5 监督教务处组织实施教学日常管理工作；

1.4.6 监督教务处组织实施考务管理工作；

1.4.7 监督教务处组织实施教学现场检查、督导工作；

1.4.8 监督教务处组织实施教材管理工作；

1.4.9 监督教务处组织实施各类学生学籍注册工作；

1.4.10 监督教务处组织实施教学改革、教学质量建设工作；

1.4.11 监督教务处组织实施设备维护、维修、使用管理工作；

1.4.12 监督教务处组织实施实践教学耗材进、销、盘、存记录，归仓，做好年度计划；

1.4.13 监督图书馆组织实施图书配备、编录工作；

1.4.14 监督图书馆组织实施图文信息资源的采集、分编和管理工作；

1.4.15 监督质管办组织实施质量管理体系文件的编制、修订工作，负责质量管理体系建立、实施与持续改进的管理；

1.4.16 监督质管办组织实施质量管理体系宣贯工作；

1.4.17 监督质管办组织实施校内外各类审核活动；

1.4.18 监督船员培训中心组织实施船员培训项目的开展；

1.4.19 监督船员培训中心组织实施各类培训的教学管理、安全管理等工作；

1.4.20 监督船员培训中心组织实施与主管机关的业务对接工作。

岗位替代人： 最高管理者（校长）

1.5 副校长（三）岗位职责

上级主管： 校长

岗位职责：

1.5.1 分管学工处、就业办、招生办；

1.5.2 参与学校质量策划活动，为保障航海教育质量提供资源；

1.5.3 监督组织实施校长办公会所作决议和决定，提出解决问题的建议；

1.5.4 听取所分管部门负责人的工作汇报，指导并检查工作情况和学校有关规章制度的执行情况；

1.5.5 监督学工处制定、落实学生工作计划和管理规章制度；

1.5.6 监督学工处全面组织、实施学生管理工作；

1.5.7 监督学工处协调各部门各类学生相关管理工作；

1.5.8 监督就业办组织实施毕业生就业工作；

1.5.9　监督就业办组织召开毕业生双选会；

1.5.10　监督就业办组织实施校企合作单位签约工作；

1.5.11　监督招生办组织实施全日制统招招生计划编制，制定招生章程，做好招生宣传工作；

1.5.12　监督招生办组织实施新生报到工作；

1.5.13　监督招生办组织实施新生录取、新生资格复查工作。

岗位替代人：分管招生办副校长

1.6　副校长（四）岗位职责

上级主管：校长

岗位职责：

1.6.1　分管学校办公室；

1.6.2　参与学校质量策划活动，为保障航海教育质量提供资源；

1.6.3　监督组织实施校长办公会所作决议和决定，提出解决问题的建议；

1.6.4　听取所分管部门负责人的工作汇报，指导并检查工作情况和学校有关规章制度的执行情况；

1.6.5　监督学校办公室组织实施行政日常事务工作；

1.6.6　监督学校办公室组织实施外来公文及内部文件处理分类工作；

1.6.7　监督学校办公室组织实施接待专家领导来校考察工作；

1.6.8　监督学院办公室组织实施大事记记录工作。

岗位替代人：分管人事处、档案馆副校长

1.7　副校长（五）岗位职责

上级主管：校长

岗位职责：

1.7.1　分管后勤处、资产处；

1.7.2　参与学校质量策划活动，为保障航海教育质量提供资源；

1.7.3　监督组织实施校长办公会所作决议和决定，提出解决问题的建议；

1.7.4　听取所分管部门负责人的工作汇报，指导并检查工作情况和学校有关规章制度的执行情况；

1.7.5　监督后勤处组织实施校园环境卫生、校园绿化美化工作；

1.7.6　监督后勤处组织实施校园水电、管网的建设维护工作；

1.7.7　监督后勤处组织实施校舍维修工作；

1.7.8　监督后勤处组织实施食堂、各类超市和饮食服务点的价格监管、质量保障和卫生安全工作；

1.7.9　监督后勤处组织实施医务室的运营管理，保健宣传及体检工作；

1.7.10　监督资产处组织实施校内外场地、设施、设备管理工作；

1.7.11　监督资产处组织实施校内外资产管理、调配、清查、评估、界定等工作。

岗位替代人： 分管资产处副校长

1.8　副校长（六）岗位职责

上级主管： 校长

岗位职责：

1.8.1　分管督导办；

1.8.2　参与学校质量策划活动，为保障航海教育质量提供资源；

1.8.3　监督组织实施校长办公会所作决议和决定，提出解决问题的建议；

1.8.4　听取所分管部门负责人的工作汇报，指导并检查工作情况和学校有关规章制度的执行情况；

1.8.5　监督督导办组织各级各类教师听课；

1.8.6　监督督导办参与各类教学奖项、教学改革项目、优秀课程立项的评审工作；

1.8.7　监督督导办定期召开教师、学生座谈会，听取师生对学校教学工作的意见和建议，并及时向学校、院（部）和教务处反馈信息和提出建议；

1.8.8　监督督导办定期编印《教学督导简报》，向学校领导和有关职能管理部门提供教学督导情况、各教学院部教师授课质量、教风师德情况和学生学风考风情况；

1.8.9　监督督导办定期召开每学期学校教学督导工作例会及教学督导专题会议。对于教学工作中出现的重要情况，及时向相关单位反馈；

1.8.10　监督督导办组织制订学校教学督导工作实施方案、工作计划以及撰写年度工作总结。

岗位替代人： 分管资产处副校长

2 质量管理办公室

2.1　质量管理办公室主任岗位职责

上级主管： 分管副校长

岗位职责：

2.1.1　主持质量管理办公室工作；

2.1.2　组织编写或修订学校质量体系文件；

2.1.3　负责向管理者代表汇报质量体系的运行情况；

2.1.4　组织制订年度内审计划，组织内部质量审核；

2.1.5　筹备召开管理评审会议，准备管理评审会议材料，督促会议决议的落实；

2.1.6　组织筹备外部审核认证；

2.1.7　制订并实施学校质量体系培训计划，负责对本校中层干部的宣贯工作，指导并检查其他层面的宣贯工作；

2.1.8　负责程序文件编写员、内审员的队伍建设工作；

2.1.9　负责办公室工作人员的日常管理和考核、奖惩等；

2.1.10　负责本部门质量意识教育和质量责任的分解与落实，确保质量体系文件在本部门的贯彻落实。对本部门实际或潜在的不合格采取纠正和预防措施；

2.1.11　完成上级有关部门、学校领导交办的其他工作。

岗位替代人： 质量管理办公室副主任

2.2　质量管理办公室副主任岗位职责

上级主管： 质量管理办公室主任

岗位职责：

2.2.1　协助质管办主任确保质量体系文件在本室的贯彻实施。主任外出时，受主任委托主持办公室工作；

2.2.2　负责组织和参与调查研究工作，协助质管办主任对质量体系文件控制和管理；

2.2.3　协助质管办主任负责质量体系运行的控制、管理、监督和信息分析；

2.2.4 协助主任筹备内、外部审核认证。负责拟订年度内质量审核计划，参与实施；

2.2.5 负责不合格项信息的获取和本部门预防与纠正措施计划的制订；

2.2.6 协助主任负责质量体系各部门预防和纠正措施的跟踪验证；

2.2.7 负责不合格项报告的整改、验证，以及纠正、预防措施有效性确认；

2.2.8 负责质量手册、程序文件及支持性文件的印发和管理；

2.2.9 负责质量记录的编目和标识，管理和处置，对各部门质量记录管理情况的指导和监督；

2.2.10 负责本部门受控人员及新上岗人员的质量体系培训；

2.2.11 完成领导交办的其他工作。

岗位替代人：质量管理办公室主任

2.3 质量管理办公室科员（兼质管员）岗位职责

上级主管：质量管理办公室主任

岗位职责：

2.3.1 负责质量体系文件资料的保管和查询工作以及外部文件的收集和更新；

2.3.2 负责校内发文的送审；

2.3.3 参与质量体系文件、有关会议材料的起草、校对工作；

2.3.4 负责体系文件运行过程中质量记录检查、编目；

2.3.5 参与内部质量审核和外部审核认证的组织、筹备工作；

2.3.6 参与质量管理评审会议的组织和筹备工作；

2.3.7 负责不合格项信息的收集、传递及反馈；

2.3.8 负责办公室安全工作和日常内务工作；

2.3.9 协助质管办主任做好质量体系内审的组织工作及外审接待工作；

2.3.10 负责本部门质量管理文件的收集、整理、登记、归档工作；

2.3.11 完成领导交办的其他工作。

岗位替代人：质量管理办公室副主任

2.4 内审组长岗位职责

上级主管：管理者代表

岗位职责：

2.4.1 向审核组成员明确各自的作用和职责要求；

2.4.2 代表审核组与受审核方管理层进行接触沟通；

2.4.3　代表审核组控制审核各阶段的工作，并对审核的全过程负责；

2.4.4　有权对审核工作的开展和审核观察结果作最后的决定；

2.4.5　负责协助选择审核组成员；

2.4.6　负责制订审核计划，为审核组成员分配任务，准备工作文件，审定审核检查表，并向审核组成员说明工作要求；

2.4.7　随着审核的进展调整所分配的工作，以确保顺利实现审核目的；

2.4.8　对受审核组织建立和运行的质量管理体系的符合性，以及运行的有效性进行审查；

2.4.9　遇到重大障碍或发现重大不符合项时立即通知管理者代表；

2.4.10　准时提交清楚、准确的审核报告。

岗位替代人：由管理者代表任命

2.5　内审员岗位职责

上级主管：审核组组长

岗位职责：

2.5.1　在审核范围内，遵守审核纪律，按审核计划开展工作；

2.5.2　迅速、有效地策划并执行分配给自己的工作；

2.5.3　保持客观性，收集审核证据，对体系的有效性进行分析；

2.5.4　对能够影响审核结论或可能需要深入调查的问题保持警觉；

2.5.5　根据评价结果形成审核发现，并向审核组组长报告；

2.5.6　提出受审核方质量管理体系的符合性和有效性的评价意见；

2.5.7　需要时，对审核结论所要求的纠正措施的有效性进行验证；

2.5.8　保存有关审核文件和记录；

2.5.9　保守与审核有关的信息的秘密；

2.5.10　配合和支持审核组组长的工作。

岗位替代人：由审核组长确定具有内审员资格的人员

3 学校办公室

3.1 学校办公室主任岗位职责

上级主管： 最高管理者（校长）、分管副校长

岗位职责：

3.1.1 全面主持学校办公室工作，处理学校日常行政事务；

3.1.2 负责保证质量体系文件在本处室的贯彻实施；

3.1.3 负责督办文件收发和传阅工作，及时处理文件，阅批上级文件不过夜，急件随到随批、签发、转办、督查、归档；

3.1.4 及时向校领导汇报上级指示，及时向各部门传达最高管理者（校长）指令，收集执行情况并向最高管理者（校长）汇报；

3.1.5 负责审核以学校、学校办公室名义发出的公文稿，核毕转呈分管校领导签发；

3.1.6 协助最高管理者（校长）组织安排理事会、校务委员会、校长办公会议和学校行政工作重要会议等，收集会议材料，并组织安排会议的布置工作并做好会议记录形成决议，检查、督办决议的贯彻执行情况；

3.1.7 根据校领导指示和有关会议决定，负责草拟、核稿学校工作报告、总结、规划、通知、会议纪要、各类行政文件及报表等，整理文书档案和上报文字材料；

3.1.8 监督学校办公室人员认真履职，负责办公室人员的日常管理和考核、选拔、奖惩等，加强行政管理人员的思想政治教育，组织业务、技术等方面的学习培训，不断提高办公室人员的各项业务水平；

3.1.9 组织学校办公室人员做好文件管理工作，严格执行保密制度；

3.1.10 负责学校行政的公布、公告工作，加强校务公开工作的领导，并做好材料的收集整理工作；

3.1.11 负责上级领导、校外来宾、专家来校考察的组织、协调、服务等工作；

3.1.12 负责组织制定全校性行政工作的规章制度及落实规则制定情况；以学校名义发布有关行政事务文件，做好学校办学纪实的记录整理工作；

3.1.13 组织、协调学校节假日值班等相关工作；

3.1.14 协调校园管理，抓好服务态度与服务质量工作；

3.1.15 加强校长办公室的业务建设，督促检查岗位责任制的执行情况，提高工作效率；

3.1.16 负责学校的信息管理及沟通工作，及时为领导提供决策依据，同时协调、配合其他部门的工作；

3.1.17 负责本部门内纠正措施和质量风险管理的制定和实施；

3.1.18 负责理事长、校长办公室内务管理工作；

3.1.19 完成学校交办的其他工作。

岗位替代人：分管副校长

3.2　学校办公室副主任（分管会务接待工作）岗位职责

上级主管：学校办公室主任

岗位职责：

3.2.1 负责学校接待工作的沟通协调、做好相关的接待服务工作；

3.2.2 负责校内外重大会议和活动的组织、协调工作；

3.2.3 负责学校的会议室日常管理工作；

3.2.4 负责大型会议材料的装订和胶装工作；

3.2.5 负责学校会议室的资产管理和会议室内电子设备的维护工作；

3.2.6 负责汇总会议组织单位填报的《会议室使用申请表》；

3.2.7 负责上级信访、接待工作；

3.2.8 负责学校节假日值班安排工作；

3.2.9 负责全校办公室的分配管理工作；

3.2.10 负责校史馆、国政馆、杨秀英专馆的监督管理工作；

3.2.11 负责学校专家餐厅的用餐安排。

岗位替代人：办公室主任

3.3　学校办公室收文业务（数据统计）主办岗位职责（兼质管员）

上级主管：学校办公室主任

岗位职责：

3.3.1 负责上级部门及地方管理部门来文处理工作；

3.3.2 负责海南省教育厅教育电子政务平台文件接收工作；

3.3.3 负责行政收文的登记、拟办、传递、督办、存档等工作；

3.3.4 负责做好学校与主管部门、其他单位的教育信息交流工作，并将信息及时传送给校领导及有关部门查阅；

3.3.5　负责督查文件执行情况，并将文件按时上报有关部门；

3.3.6　负责协助办公室主任确保质量体系文件在本处室的贯彻实施；

3.3.7　协助办公室主任做好质量体系教育与质量分解、落实、质量记录监督等工作；

3.3.8　负责学校基础数据统计分析工作的组织实施；

3.3.9　负责统计、收集、汇总及上报每年数据平台、高基报表及各类统计数据表；

3.3.10　负责报表的排版打印工作，确保统计资料完整、清晰，符合规范要求；

3.3.11　负责及时与各个部门取得联系，仔细核对数据，确保数据符合国家规定；

3.3.12　负责办公室文件的保密工作；

3.3.13　协助学校办公室主任做好办公室工作人员的日常管理、思想建设和业务学习、值班安排、卫生监督等工作；

3.3.14　负责办公设备的维护和办公室资产管理工作；

3.3.15　负责做好添置办公用品的计划，及时采购办公所需的物品，做好低值易耗办公用品的管理、发放、使用等工作；

3.3.16　完成学校交办的其他工作。

岗位替代人：办公室主任

3.4　学校办公室公文业务（事务中心）主办岗位职责

上级主管：办公室主任

岗位职责：

3.4.1　负责做好学校工作报告、汇报、总结、计划、通知、信函等材料，协助草拟、审核各类文件；

3.4.2　协助理事会、最高管理者（校长）、分管领导、办公室主任草拟理事会、校务委员会、校长办公会议、学校行政工作重要会议和办公室办公例会的会议通知，做好会议材料收集等工作；

3.4.3　负责以学校名义发出的各种公文的审核、分类、编号、印制、分发、督办及归档工作；

3.4.4　负责办公室各类文件的归档与保密工作；

3.4.5　协助办公室主任进行文件起草、校对、呈批、上报 / 下发执行、督办及有关会议材料的校对、排版工作；

3.4.6　负责全校各部门提交文字类、费用类材料的审核、受理、制单、统计及存档等工作；

3.4.7　负责拟订全校各院部处室办公经费计划，做好每月办公室经费报销审核、统计工作；

3.4.8　完成学校交办的其他工作。

岗位替代人：办公室主任

4 人事处

4.1 人事处处长岗位职责

上级主管：分管副校长
岗位职责：

4.1.1 全面主持人事处工作，确保质量管理体系在本处的贯彻实施；

4.1.2 负责学校定岗、定编、定责工作；

4.1.3 负责全校的教职工的安排和聘用工作；

4.1.4 负责制订学校师资规划，依据教育部的精神、海事局要求和学校的具体情况规划人才引进并实施；

4.1.5 负责教职工的培训、继续教育，组织编制、实施年度培训计划，建立教职工档案；

4.1.6 负责教师资格证的组织管理工作；

4.1.7 负责教职工专业技术职务评审的组织和聘任工作；

4.1.8 负责学校教职工劳动工资、福利的调整、核定和报批工作；

4.1.9 负责制订年度考核计划，准备各种考核文件和表格；负责学校教职工考核计划的拟定、组织实施及汇总上报；

4.1.10 负责本部门人员的聘任与考核；

4.1.11 完成分管副校长和最高管理者（校长）交代的工作。

岗位替代人：分管副校长

4.2 人事处副处长岗位职责

上级主管：人事处处长
岗位职责：

4.2.1 协助处长主持人事处工作，确保质量管理体系在本处的贯彻实施；

4.2.2 协助处长拟定全校的机构设置、人员定编和工作职责，负责全校的教职工的安排和聘用工作；

4.2.3 协助处长制订学校师资规划，依据教育部的精神、海事局要求和学校的具体情况规划人才引进并实施；

4.2.4 协助处长做好教职工的培训、进修和继续教育，组织编制、实施年度培训计划，对培训内容及效果进行评价；

4.2.5 协助处长组织全校教师专业技术职务的评审和聘任工作；

4.2.6 协助处长做好学校教职工劳动工资、福利的发放工作；

4.2.7 协助处长制订年度考核计划，准备各种考核文件和表格；协助做好学校教职工考核计划的拟定、组织实施及汇总上报；

4.2.8 协助处长做好本部门人员的聘任与考核工作；

4.2.9 协助处长做好教职工的职务级别评定、岗位聘任、调配、退休、辞聘、解聘、终止合同的审核、报批等工作；

4.2.10 协助处长制定学校人事日常管理制度；负责教职工考勤、考核、奖惩以及一般性违纪处理等工作；负责办理教职工请假、探亲报销的审批手续；

4.2.11 协助处长做好人事档案管理；负责人事信息系统的建立、更新维护和使用；负责学校人事师资、劳动工资等各项统计报表的上报；

4.2.12 协助处长做好兼职教师聘用的管理，负责兼职教师库的建立与维护；

4.2.13 完成处长、分管副校长和最高管理者（校长）交代的工作。

岗位替代人：人事处处长

4.3　人事处劳资科科长岗位职责

上级主管： 人事处副处长

岗位职责：

4.3.1 负责学校教职工的社保及公积金服务工作，确保工作准确无误；

4.3.2 负责学校教职工工资、福利、课时费的核算，确保工作准确无误，按时发放；

4.3.3 负责学校教职工考勤管理，办理教职工请假、顶岗等手续；

4.3.4 负责劳动工资统计报表的填报工作；

4.3.5 按照劳动合同法，做好离职人员离职工资计算工作；

4.3.6 完成处长、副处长交代的其他工作。

岗位替代人：师资科科长

4.4　人事处师资科科长岗位职责

上级主管： 人事处副处长

岗位职责：

4.4.1　负责做好学校教职工档案建立及管理工作；

4.4.2　负责审核、办理新员工入职手续，对新员工个人档案材料缺项进行增补；

4.4.3　负责对新员工提供教职工承若书，让新员工阅读签收，一式三份；确保新员工办理劳动用工合同，签约后3个工作日内办理考勤面部识别录入手续；

4.4.4　负责协助处长做好学校定岗、定编、定责工作；

4.4.5　负责协助处长做好全校教职工的安排和聘用工作；

4.4.6　负责协助处长制订学校师资规划，依据教育部的精神、海事局要求和学校的具体情况规划人才引进并实施包括学校师资规划、人才引进方案并具体实施；

4.4.7　协助学校工会及其他部门做好福利发放和其他相关文件工作；

4.4.8　完成处长或副处长交代的其他工作。

岗位替代人： 培训科科长

4.5　人事处培训科科长岗位职责

上级主管： 人事处副处长

岗位职责：

4.5.1　负责教职工培训计划的制订，协助处长对接最高管理者（校长）审批培训申请；

4.5.2　负责协助处长组织教职工的培训、进修和继续教育；

4.5.3　负责做好各岗位教职工开学前一周岗位业务培训工作，做好新聘员工岗前培训计划及具体培训工作；

4.5.4　负责做好新聘教师高校教师资格证的培训、考试工作；

4.5.5　负责协助处长做好教职工培训效果的评价工作；

4.5.6　负责做好全校专业技术职务的评审工作，遵照相关的工作程序，确保没有失误和疏漏；

4.5.7　完成处长交代的其他工作。

岗位替代人： 师资科科长

4.6　人事处绩效管理科兼教职工宿舍管理科（兼质管员）岗位职责

上级主管： 人事处副处长

岗位职责：

4.6.1　负责协助处长制订年度考核计划，准备各种考核文件和表格；

4.6.2　负责协助处长做好学校教职工考核计划的拟定、组织实施及汇总上报；

4.6.3　负责做好杨秀英理事长和全校各部门反映问题的投诉纠改工作；

4.6.4　负责对院部处室违规操作进行核查并通报，按相关文件进行处罚；

4.6.5　负责学校教职工绩效工资的考核工作；

4.6.6　负责本部门质量管理文件的收集、整理、登记、归档工作；

4.6.7　负责协助处长做好本部门的质量体系文件教育、监督以及质量目标的建立、分解、落实；

4.6.8　负责学校的海南省残疾人就业服务年审工作；

4.6.9　负责学校教职工宿舍分配与离职人员宿舍资产清点工作；

4.6.10　完成处长或副处长交代的其他工作。

岗位替代人： 师资科科长

5 教务处

5.1 教务处处长岗位职责

上级主管：分管副校长

岗位职责：

5.1.1 全面主持教务工作，并分管教材科、督导科；

5.1.2 在学校党委及主管校长领导下，全面主持教务工作，确保质量体系文件在本处的贯彻实施、质量意识教育与监督和质量责任的分解落实及有效运行；

5.1.3 负责制订学校教学方面的指导性文件，拟订全校年度、学期教学工作计划；

5.1.4 负责组织各二级学院制定各专业各层次人才培养方案、课程标准的制定（修订）；

5.1.5 负责组织制定与实施各专业建设、课程建设规划；

5.1.6 参与学校发展规划、专业设置的研究与决策；

5.1.7 负责常规教学管理，负责组织全校性教学检查、教学评估、教学竞赛、教学奖励各项目评选和教学事故的认定与处理等工作；

5.1.8 负责教材建设及教材管理工作；

5.1.9 负责教学督导工作；

5.1.10 主持教务处处务会议，负责本部门日常管理及建设工作，负责本部门人员的考核；

5.1.11 协助人事部门做好教师的培养、定编和教学考核工作；协助设备部门做好实验室建设和教学设备计划论证等工作；协助招办制订年度招生计划；

5.1.12 完成上级有关部门、学校领导交办的其他工作。

岗位替代人：教务处副处长（一）

5.2 教务处副处长（一）岗位职责

上级主管：教务处处长

岗位职责：

5.2.1 **协助**教务处长的工作，并分管教务科、学籍科；

5.2.2 负责组织人才培养方案和课程标准的制定（修订）和实施；

5.2.3 负责组织各类教学工作检查，协调各教学单位间的有关事宜；

5.2.4 负责全校常规考务管理工作；

5.2.5 负责学校教学管理有关规章制度的制定、完善和实施；

5.2.6 负责组织专业建设工作；

5.2.7 负责管理学生学籍、成绩、证书发放等工作；

5.2.8 负责组织各类常规教学文件的归档工作；

5.2.9 协助处长负责质量管理体系在本处贯彻实施；

5.2.10 协助处长做好分管科室及其他各科室业务及教辅管理工作；

5.2.11 协助处长负责全校日常教学管理工作、教学质量监控工作；

5.2.12 完成领导交办的其他工作。

岗位替代人：教务处处长

5.3 教务处副处长（二）岗位职责

上级主管：教务处处长

岗位职责：

5.3.1 协助教务处长的工作，分管实训科、办公室；

5.3.2 负责起草教学工作的相关总结、汇报等材料；

5.3.3 负责指导制订每学期实训耗材需求计划，办理审批手续；

5.3.4 负责指导各教学单位制订实训室建设规划、年度建设计划；

5.3.5 负责组织全校实训室建设项目的立项论证评估，审定设备采购计划，按流程报送资产处；

5.3.6 负责指导本校承办各级各项学生技能大赛的筹备、组织工作，负责通过二级学院组织学生参加全国、全省技能大赛，赛后奖励报批；

5.3.7 负责组织校内外实习实训基地的建设；

5.3.8 负责指导实训教学的组织与开展；

5.3.9 负责指导办公室文件的管理及费用清算；

5.3.10 完成领导交办的其他工作。

岗位替代人：教务处处长

5.4 教务处办公室主任（兼质管员）岗位职责

上级主管：教务处处长

岗位职责：

5.4.1　协助处领导做好综合事务的协调、对外联络接待工作；

5.4.2　各类文件和质量体系文件的收发、登记、处理、归档；

5.4.3　负责处内财务、资产、印章、档案管理工作；

5.4.4　教务处各类会议、活动组织安排工作；

5.4.5　协助副处长起草教务处工作计划、工作总结等；

5.4.6　负责文印员的考核管理工作；

5.4.7　负责学生家长来信来访接待和处理工作；

5.4.8　负责督办教务处其他科室的工作；

5.4.9　负责各二级学院经费报销的工作；

5.4.10　负责相关文件的上报工作。

岗位替代人： 教务处副处长（一）

5.5　教务处教务科科长岗位职责

上级主管： 教务处分管副处长（一）

岗位职责：

5.5.1　负责新学期开学初"五到位"，即教师、教材、教具耗材、教室、课表到位的情况检查；

5.5.2　负责各项教学资料的收集、备案；

5.5.3　负责下达课程安排任务，审核各院课程安排表；

5.5.4　负责学期补考工作；

5.5.5　负责组织新增专业的申报工作；

5.5.6　负责期中教学检查工作；

5.5.7　负责下达开课任务，审核开课计划；

5.5.8　负责人才培养方案的制订和审查；

5.5.9　负责学院校历的制定；

5.5.10　负责组织期末考试工作；

5.5.11　负责调（停）、补课日常管理；

5.5.12　负责各院每月课时量的审核；

5.5.13　负责教学事故材料整理、备案；

5.5.14　负责统招毕业生清考工作；

5.5.15　负责完成处领导交代的其他工作。

岗位替代人： 教务处副处长（一）

5.6 教务处实训科科长岗位职责

上级主管：教务处副处长（二）

岗位职责：

5.6.1 协助分管副处长做好全校实训教学的组织实施、运行监督工作；

5.6.2 负责组织制订每学期实训耗材需求计划，办理审批手续；

5.6.3 协助分管副处长做好指导制定全校实训室、中心、基地（校内外）制度建设，实训室主任、实训员岗位职责与实训流程等；

5.6.4 协助分管副处长安排二级学院做好组织学生参加国家、省技能大赛的赛前集训、参赛、赛后奖励，本校承办赛事的筹备与组织工作，负责技能大赛指导教师的确定指导工作；

5.6.5 负责全校有关实训教学、实训室设备等相关数据统计工作；

5.6.6 负责配合相关人员做好我校实训室的参观考察接待工作；

5.6.7 协助分管副处长做好学生顶岗实习工作的组织安排、实施开展及综合考评，与各二级学院共同处理好学生在实习中的具体事宜；

5.6.8 完成领导交办的其他工作。

岗位替代人：教务处副处长（二）

5.7 教务处教材科科长岗位职责

上级主管：教务处处长

岗位职责：

5.7.1 负责教材征订工作；

5.7.2 负责教材发放工作；

5.7.3 负责教材的清退工作；

5.7.4 负责教材的对账工作；

5.7.5 负责教材的入库及报账工作；

5.7.6 负责教材的盘点工作；

5.7.7 负责教材费用的核算工作；

5.7.8 完成领导安排的其他工作。

岗位替代人：教务处副处长（一）

5.8 教务处学籍科科长岗位职责

上级主管： 教务处副处长（一）

岗位职责：

5.8.1 全面负责普通全日制学生成绩、学籍管理工作；

5.8.2 负责向省高教处上报新生注册、老生学年注册工作；

5.8.3 负责组织学生学籍查询工作；

5.8.4 做好学生休学、退学、转学、转专业、其他学籍信息异动，及时将学生学籍变动信息录入教务系统、学信网。在高等院校一体化智能系统审核新生转专业工作；

5.8.5 负责做好交清全费的毕业生电子图像信息采集、图像校对工作；

5.8.6 做好毕业生数据核查、审核，毕业生电子注册、注销，毕业证印制、办理、颁发工作。做好补办毕业证明书、结业换发毕业证工作；

5.8.7 负责教务系统新生信息导入，教务系统内分班、学生班级调整、转专业后相应班级调整等工作；

5.8.8 负责学生成绩的收集、核对、补录入，组织教学秘书汇总学生 3 年成绩；

5.8.9 负责拟订学籍管理工作年度计划并组织实施，修订完善并执行学籍管理各项规章制度；

5.8.10 接待来访者并提供学籍咨询。

岗位替代人： 教务处副处长（一）

6 学工处

6.1 学工处处长岗位职责

上级主管： 分管副校长

岗位职责：

6.1.1 负责主持学工处全面工作，确保质量体系文件在本处的贯彻实施、质量意识教育与监督、质量责任的分解落实以及有效运行；

6.1.2 负责制订学生工作计划和管理规章制度；

6.1.3 负责学工干部队伍的建设；

6.1.4 负责全面组织学生管理工作；

6.1.5 负责审批学生管理方面的公文；

6.1.6 负责组织学校拉网式大排查工作；

6.1.7 完成分管副校长交办的其他学生管理工作。

岗位替代人： 学工处副处长

6.2 学工处副处长（一）岗位职责

上级主管： 学工处处长

岗位职责：

6.2.1 负责落实学工处工作，确保质量体系文件在本处的贯彻实施、质量意识教育与监督、质量责任的分解落实以及有效运行；

6.2.2 负责落实学生工作计划和管理规章制度；

6.2.3 负责辅导员队伍建设、制订培训计划、考核办法、奖励机制并组织实施；

6.2.4 负责全面实施学生管理工作，督促、协调各科室开展学生评优、学生资助、学生心理咨询、学生处分、学生班会教育等工作；

6.2.5 配合武装部做好新生军训；

6.2.6 配合档案馆完善学生档案；

6.2.7 配合财务处催缴学生学杂费用；

6.2.8 督促学院走访学生宿舍工作；

6.2.9 负责学生重大违纪事件的调查处理；

6.2.10 配合有关部门做好学生的稳定和安全工作；

6.2.11 完成处长交办的其他学生管理工作。

岗位替代人：学工处处长

6.3 学工处副处长（二）岗位职责

上级主管：学工处处长

岗位职责：

6.3.1 负责学校民族学生的日常管理工作；

6.3.2 负责指导辅导员对民族学生的管理工作；

6.3.3 负责学校民族学生的谈心谈话工作；

6.3.4 负责建立民族学生档案；

6.3.5 负责学校民族学生宿舍走访工作；

6.3.6 负责学校民族学生意识形态工作；

6.3.7 配合职能机关做好民族学生管理工作；

6.3.8 负责学校民族学生思想政治教育工作；

6.3.9 完成处长交办的其他学生管理工作。

岗位替代人：学工处处长

6.4 学生奖评科科长（兼质管员）岗位职责

上级主管：学工处处长

岗位职责：

6.4.1 负责指导学院开展优秀学生干部、优秀三好学生、优秀毕业生评选工作；

6.4.2 负责建立、健全学生管理信息数据（学生基本情况信息库）；

6.4.3 负责建立、健全辅导员基本信息库；

6.4.4 负责学生证和火车优惠卡的购买与发放工作；

6.4.5 负责部门例会撰写工作；

6.4.6 负责学工处网站的维护和更新工作；

6.4.7 负责本部门质量管理文件的收集与归档工作；

6.4.8 完成部门领导交办的科室工作。

岗位替代人：学生处副处长

6.5 生辅科科长岗位职责

上级主管： 学工处处长

岗位职责：

6.5.1 负责学生安全教育和日常事务管理工作；

6.5.2 负责指导学院开展学生思想教育主题班会；

6.5.3 负责开展学风建设工作；

6.5.4 负责学生大型活动组织；

6.5.5 负责协调毕业生文明离校工作；

6.5.6 负责公众号的运营和管理工作；

6.5.7 指导学院配合保卫处做好违反校规学生调查、处分工作；

6.5.8 配合相关部门做好学生突发事件的应急处理和安全维稳工作；

6.5.9 负责文件的处理工作；

6.5.10 完成部门领导交办的科室工作。

岗位替代人： 学生处副处长

6.6 学生资助中心奖助学金管理科科长岗位职责

上级主管： 学工处处长

岗位职责：

6.6.1 负责国家奖助学金的评定及发放工作；

6.6.2 负责社会团体奖助学金的评定及发放工作；

6.6.3 负责校级奖助学金的评定与发放工作；

6.6.4 负责学生生活临时补贴的发放工作；

6.6.5 完成部门领导交办的其他工作。

岗位代替人： 学生奖评科科长（兼质管员）

6.7 学生资助中心勤工助学管理科科长岗位职责

上级主管： 学工处处长

岗位职责：

6.7.1 负责学生助学贷款回执工作；

6.7.2 负责学生征兵入伍、学费补偿的校方审核工作；

6.7.3 负责学生勤工俭学工作；

6.7.4 负责奖、助、贷、补系统录入工作；

6.7.5 负责学生诚信宣传教育工作；

6.7.6 完成部门领导交办的其他工作。

岗位代替人：学生奖评科科长（兼质管员）

6.8 心理健康咨询中心主任岗位职责

上级主管： 学工处处长

岗位职责：

6.8.1 负责学校学生心理健康咨询及辅导工作；

6.8.2 负责学校学生心理健康测评工作；

6.8.3 负责开展心理健康知识活动；

6.8.4 负责学校学生个案建档及跟踪工作并及时提出解决方案；

6.8.5 负责心理咨询热线管理及开展网上心理咨询工作；

6.8.6 负责心理健康咨询中心建设工作；

6.8.7 负责组织辅导员心理健康教育专题培训；

6.8.8 完成部门领导交办的其他工作。

岗位替代人：生辅科科长

7 招生办

7.1 招生办主任岗位职责

上级主管：分管副校长

岗位职责：

7.1.1 负责整个部门工作统筹安排，确保质量体系文件在本部门的贯彻实施、质量意识教育与监督和质量责任的分解落实以及有效运行；

7.1.2 根据招生政策信息，负责制订招生管理实施计划及追加计划；

7.1.3 负责制定招生管理工作程序，及时了解招生工作动态，签发院部所管辖省区招生指标以及各省区招生点的指定；

7.1.4 负责年度招生计划的上报；

7.1.5 负责招生计划编制、招生宣传、录取和新生资格复查等工作；

7.1.6 负责新生招生指导与督查；

7.1.7 负责组织、协调有关部门做好新生报到工作；

7.1.8 负责本部门人员的聘任与考核；

7.1.9 完成领导交办的其他工作。

岗位替代人：招生办主任助理

7.2 招生办主任助理岗位职责

上级主管：招生办主任

岗位职责：

7.2.1 协助编制年度招生计划；

7.2.2 协助组织招生宣传和录取工作；

7.2.3 负责远程录取机房的管理；

7.2.4 负责档案和统计的督查工作；

7.2.5 协助新生录取复查工作；

7.2.6 完成领导交办的其他工作。

岗位替代人：招生办秘书

7.3 招生办录取科长岗位职责

上级主管：招生办主任

岗位职责：

7.3.1 贯彻落实国家招生录取政策；

7.3.2 负责落实远程录取工作；

7.3.3 协助招生办主任制订招生计划、策划招生简章、制作宣传材料；

7.3.4 协助做好招生文件、方案、图片材料的立卷、归档工作，做好招生工作中的保密工作；

7.3.5 完成领导交办的其他工作。

岗位替代人：招生办助理

7.4 招生办秘书（兼质管员）岗位职责

上级主管：招生办主任

岗位职责：

7.4.1 协助招生办主任落实招生计划；

7.4.2 负责本部门质量管理文件的收集，整理，登记，归档工作；

7.4.3 负责组织招生宣传、咨询接待；

7.4.4 负责招生人员包干差旅费核算；

7.4.5 负责招生数据比对；

7.4.6 负责招生会议材料整理，撰写会议纪要；

7.4.7 完成领导交办的其他工作。

岗位替代人：招生办录取科长

7.5 专职招生人员岗位职责

上级主管：招生办主任

岗位职责：

7.5.1 贯彻落实招生政策，做到招生工作规范化、科学化；

7.5.2 负责招生市场调研、开拓；

7.5.3 负责与各省招办、学校之间的招生工作联系和信息交流工作；

7.5.4 根据招生计划，完成招生任务；

7.5.5 协助有关部门做好新生报到的工作；

7.5.6 完成领导交办的其他工作。

岗位替代人：其他招生人员

8 就业办

8.1 就业办主任岗位职责

上级主管： 分管副校长

岗位职责：

8.1.1 负责本部门的质量意识教育与监督和质量责任的分解、落实；

8.1.2 负责本部门工作统筹安排，确保质量体系文件在本处的贯彻实施；

8.1.3 负责制订学校年度就业工作方案；

8.1.4 负责撰写毕业生就业质量年度报告；

8.1.5 负责毕业生就业指导与督查；

8.1.6 负责本部门人员和二级学院就业相关人员的培训与考核；

8.1.7 负责引导学生课外勤工助学；

8.1.8 负责引导学生自主创业。

岗位替代人： 就业副主任

8.2 就业办副主任岗位职责

上级主管： 就业办主任

岗位职责：

8.2.1 负责落实毕业生就业政策宣传、咨询、指导工作；

8.2.2 负责落实毕业生就业推荐；

8.2.3 负责毕业生跟踪调查；

8.2.4 负责就业信息网的建设和管理；

8.2.5 负责组织校园招聘会、拓宽毕业生就业渠道；

8.2.6 负责将每届毕业生就业情况上报上级就业主管部门审核；

8.2.7 负责毕业生就业方案的编制和就业派遣工作；

8.2.8 负责毕业生就业工作的组织和实施。

岗位替代人： 就业办主任

8.3 就业办电话回访（兼质管员）岗位职责

上级主管： 就业办副主任

岗位职责：

8.3.1 负责对已毕业学生就业回访工作；

8.3.2 负责二级学院就业协议书收集工作；

8.3.3 负责对接二级学院毕业生就业回访工作；

8.3.4 负责就业办各类数据的统计造册工作；

8.3.5 负责协助就业办主任或副主任工作；

8.3.6 负责就业办质量体系的工作记录；

8.3.7 协助组织校园招聘会的开展相关工作；

8.3.8 负责本部门质量管理文件的收集、整理、登记、归档工作。

岗位替代人： 就业统计员

8.4 就业办就业统计岗位职责

上级主管： 就业办副主任

岗位职责：

8.4.1 负责《毕业生就业协议书》《毕业就业推荐表》以及毕业生《报到证》的审核和发放工作；

8.4.2 负责就业办日常报送文件工作；

8.4.3 负责毕业生派遣证的办理及改派工作；

8.4.4 负责协助有关部门做好毕业生文明离校工作；

8.4.5 负责就业网络的维护和信息发布；

8.4.6 负责《毕业生需求信息表》的收集整理工作；

8.4.7 负责毕业的求职创业补贴收集、审核、上报工作；

8.4.8 负责协助组织校园招聘会的开展相关工作。

岗位职责： 就业办电话回访（兼质管员）

9 海事学院

9.1 海事学院院长岗位职责

上级主管：分管副校长

岗位职责：

9.1.1 全面管理本学院的教学和学生以及科研等各项工作；

9.1.2 负责船员教育和培训质量体系在本部门持续有效运行；

9.1.3 组织规划本学院专业建设、师资建设、实训室建设和课程建设等，并组织实施；

9.1.4 组织本学院各专业人才培养方案、课程标准、专业培训计划的制（修）订工作；

9.1.5 组织各专业人才培养方案初审、组织各专业课程标准审定、审批专业教材的选用；

9.1.6 负责对本学院教职工进行考核、奖惩、聘任及外聘教师评聘和管理等工作；

9.1.7 负责最新的海事教育与培训法规在本部门及时宣贯和具体实施。

岗位替代人：海事学院教学科研副院长

9.2 海事学院教学科研副院长岗位职责

上级主管：海事学院院长

岗位职责：

9.2.1 在院长的领导下负责本学院教学和科研工作的具体实施；

9.2.2 负责制订本学院的年度教学和科研工作计划，对教学和科研工作进行过程监控、分析、总结，提出改进措施并组织实施；

9.2.3 组织教研室编制各专业人才培养方案、课程标准，审核各教研室专业教材选用；

9.2.4 负责教学环节的安全与节能控制；

9.2.5 督促教学秘书做好本学院的教学资料、教案、听课记录及实训报告的收集和整理归档工作；

9.2.6　管理教学日常工作，协调处理调课、停课、教学地点更换等事宜，维持正常教学秩序；

9.2.7　组织管理教学实训室、实训设备、实训场地；

9.2.8　组织实施期中、期末教师教学检查、教学质量评估工作；

9.2.9　组织实施学生期中、期末测试，学生成绩审核工作；

9.2.10　及时跟踪各级科研项目的发布，指导本院教职工申报科研课题；

9.2.11　协助科研处，组织对本院申报成功的课题进行开题、中期审查和结项；

9.2.12　负责本学院教职工科研成果的统计上报工作。

岗位替代人：海事学院院长

9.3　海事学院学工就业副院长岗位职责

上级主管：海事学院院长

岗位职责：

9.3.1　在院长的领导下负责本学院学工和就业工作的具体实施；

9.3.2　负责制订年度学工和就业工作计划，对学工和就业工作进行过程监控、分析、总结，提出改进措施并组织实施；

9.3.3　负责本学院学生评优评困、奖助学贷、综合测评、违纪学生处分等报表审核工作；

9.3.4　负责本学院学生思想政治教育工作；

9.3.5　指导学生（会）团总支及学生社团开展相关工作；

9.3.6　负责本学院学风、考风建设，营造良好的学习氛围；

9.3.7　协助院长对辅导员的工作进行考核，定期召开学生工作会议；

9.3.8　负责学生安全教育、纪律教育、心理健康咨询等工作，处理学生突发事件；

9.3.9　负责本学院学生报到及毕业生就业的工作；

9.3.10　协助学校开展招生宣传工作和学生学籍管理工作。

岗位替代人：海事学院教学科研副院长

9.4　海事学院行政秘书岗位职责

上级主管：海事学院院长

岗位职责：

9.4.1　负责安排学院办公室日常行政工作；

9.4.2　负责组织学院办公会议，做好会议记录，协助组织实施会议决定事项，检查执行情况，并向院领导报告；

9.4.3　负责收发行政各类文件；

9.4.4　负责本学院行政资料的整理和归档管理工作；

9.4.5　负责本学院和船员培训中心网站的管理、简报撰写和上网工作；

9.4.6　协助院长抓好本学院教职工的业务考核、考勤、奖惩、评选先进及晋升职称工作；

9.4.7　负责本学院行政工作计划和工作总结的撰写。

岗位替代人：海事学院教学秘书

9.5　海事学院教学秘书岗位职责

上级主管：海事学院教学科研副院长

岗位职责：

9.5.1　负责配合教务部门教学管理工作；

9.5.2　负责收集每学期教学开课计划；

9.5.3　制定并下发每学期教学任务书、教师课表、班级课表；

9.5.4　协助教师办理调课手续并送达调课通知单到任课教师和学生班级；

9.5.5　协助办理学生留级、退学、转专业、复学等有关的手续；

9.5.6　负责收集每学期学生期末成绩并汇总；

9.5.7　协助教务处组织学生每学期英语等级考试、计算机考试；

9.5.8　具体负责本学院的教学的材料、教案、听课记录及实训报告的收集和整理；

9.5.9　协助教务处组织每学期教材征订、领取及发放工作；

9.5.10　协助教务处组织新生开学分班事宜、毕业生成绩核查并汇总及毕业证发放工作；

9.5.11　协助教学科研副院长组织各项考试工作；

9.5.12　协助教务处、院部领导完成其他教学工作。

岗位替代人：海事学院质量管理员

9.6　海事学院教研室主任岗位职责

上级主管：海事学院教学科研副院长

岗位职责：

9.6.1　根据人才培养方案制订本专业教学工作计划，安排本专业教师的授课任务，核定本专业教师教学工作量；

9.6.2 根据国内外行业人才需求，组织本专业教师编制和修订本专业人才培养方案；

9.6.3 组织本专业教师实施本专业课程标准编制和修订工作；

9.6.4 负责组织教师选定课程教材并填写《教材征订计划表》；

9.6.5 制定拟任课教师名单，审核教师理论教学和实践教学授课计划、教案等教学材料；

9.6.6 定期检查教学进度和各教学环节情况，开展教学评议、总结交流教学经验；

9.6.7 负责制订顶岗实习计划与毕业设计，组织本专业教师指导学生实习、实操训练等工作；

9.6.8 负责按照交通运输部规定的船员培训大纲和水上交通安全、防治船舶污染等要求设置培训课程、制订培训计划并开展培训；

9.6.9 组织本专业教师完成学生成绩考核及成绩录入工作；

9.6.10 制订本专业教学研究计划、指导本专业教师的科研选题，落实科研工作、组织学术交流；

9.6.11 对本专业学期、学年教学工作进行总结。

岗位替代人：海事学院实训室主任

9.7 海事学院辅导员岗位职责

上级主管：海事学院学工就业副院长

岗位职责：

9.7.1 负责本学院新生报到人数的统计，协助教务处落实学生学籍注册，负责学生转专业与转学、考勤与请销假、休学 复学与退学、毕业结业与肄业、课外活动、大学生行为规范、品德分的评定、申诉处理、奖惩、奖助学金评选、助学贷款等工作；

9.7.2 负责建设学生档案，并收集学生在校期间各方面奖惩材料等工作；

9.7.3 负责学生教材的发放，并以班级为单位填写教材签收表；

9.7.4 开展就业指导和服务工作，帮助学生树立正确的就业观念；

9.7.5 加强学生心理健康教育和指导工作，提高学生的心理素质和实践能力；

9.7.6 建立与学生家长联系制度。及时通报学生情况，听取家长意见；

9.7.7 建立听课制度。认真听取学生和任课教师两方面的意见和建议；

9.7.8 负责指导班委会建设，做好学生骨干培养作用；指导学生开展寝室文化建设做好寝室安全、卫生和文明建设工作；

9.7.9 教育和督促学生，按时缴纳学费，做好欠费学生的催缴工作；

9.7.10 指导学生办理毕业生《离校手续单》，对离校学生做初审意见；

9.7.11 协助党团组织做好学生党、团员的思想建设和组织发展工作。

岗位替代人：海事学院其他指定辅导员

9.8 海事学院实训室主任岗位职责

上级主管：海事学院教研室主任
岗位职责：

9.8.1 根据学期实训教学计划和实训项目安排，检查本专业实训室所需耗材、仪器设备是否足额、完整。组织各实训指导教师准备好实训项目所需仪器、设备、场地等；

9.8.2 组织实施本部门实训设备的管理、维护和维修；

9.8.3 拟定本部门实训教学耗材申报清单，制定本部门实训消耗品经费预算；

9.8.4 根据专业发展情况，协助教研室主任实施本部门实训室建设；

9.8.5 收集实训档案和学生实训作品，整理上交学院教学办公室；

9.8.6 协助教研室主任对实训指导教师进行管理；

9.8.7 负责协助教务处落实实训耗材的采购验收；

9.8.8 组织实施实训室、实训场地的安全规章制度的执行情况，检查实训室、实训场地安全隐患并及时处理。

岗位替代人：海事学院教研室主任

9.9 海事学院实训室管理员岗位职责

上级主管：海事学院实训室主任
岗位职责：

9.9.1 负责本实训室仪器设备的管理、维护工作，使仪器设备处于完好状态；

9.9.2 协助实训指导教师进行实训项目的训练；

9.9.3 实训活动开始前，向学生宣讲本实训室的安全管理制度；

9.9.4 实训活动结束后，负责组织仪器设备的清点、复原，未用完的耗材收回；

9.9.5 做好本实训室仪器设备及耗材使用记录；

9.9.6 负责本实训室的清洁维护、实训室设备防盗、防损工作，按时关好门窗；

9.9.7 协助实训室主任将实训档案和学生实训作品整理及上交。

岗位替代人：海事学院其他指定实训室管理员

9.10　海事学院专职教师岗位职责

上级主管：海事学院教研室主任

岗位职责：

9.10.1　熟悉课程标准和教学计划，根据课程教学进度安排，准备每一课时的教案、PPT 及所需教学材料和教具，熟悉各种教学设备的使用；

9.10.2　组织并实施课堂教学，根据学生的具体情况，采用适当的教学方法和手段，达到要求的教学目标；

9.10.3　实施课堂管理，记载学生考勤和课堂表现；

9.10.4　采用适当方式对学生进行必要的学习辅导；

9.10.5　根据教学情况制作测试试卷或评估材料，批改作业和试卷，记载学生平时成绩和考试成绩；

9.10.6　按照教务处要求，编写并提交规定的教学材料；

9.10.7　参加教研室组织的教研活动，完成规定的教研或科研任务。

岗位替代人：海事学院其他指定专职教师

9.11　海事学院质量管理员岗位职责

上级主管：海事学院教学科研副院长

岗位职责：

9.11.1　负责质量体系文件资料的保管、查询、整理工作；

9.11.2　负责体系文件运行过程中质量记录、编目；

9.11.3　参与内部质量审核和外部审核认证的组织、筹备工作；

9.11.4　负责不合格项信息的收集、传递及反馈；

9.11.5　负责本学院资料室的管理工作；

9.11.6　协助院领导做好质量体系内外审工作。

岗位替代人：海事学院行政秘书

10 船员培训中心

10.1 船员培训中心主任岗位职责

上级主管： 分管副校长

岗位职责：

10.1.1 全面负责船员培训中心的管理工作；

10.1.2 负责招生计划编制、招生宣传等工作；

10.1.3 掌握培训市场动态，负责审定培训计划并组织实施；

10.1.4 负责组织审定培训教学计划、教学大纲等教学文件；

10.1.5 负责审批培训班课程安排表及任课教师、教学日程表等；

10.1.6 负责审批培训班学员培训证明；

10.1.7 负责培训教学工作的检查和评估；

10.1.8 协助主管机关抓好专业培训考核工作；

10.1.9 参加主管机关召集的有关会议，加强与各船舶公司及其他培训机构的联系，广泛收集船员教育与培训的有效资源；

10.1.10 负责制定内部管理规章制度，主持部门工作会议；

10.1.11 负责保持质量管理体系运行的有效性和连续性，不断地改进质量管理体系，提高船员培训质量；

10.1.12 完成学校领导交办的其他工作。

岗位替代人： 船员培训中心副主任

10.2 船员培训中心副主任岗位职责

上级主管： 学院分管副院长

岗位职责：

10.2.1 负责拟订培训计划报主任审定；

10.2.2 负责与主管机关进行业务联系与沟通；

10.2.3 负责确定参加培训学员名单；

10.2.4 负责组织培训班的开展及管理；

10.2.5 负责审核培训班学员培训证明；

10.2.6 负责培训学员招收工作；

10.2.7 负责组织学员考试报名工作；

10.2.8 协助主任抓好培训教学质量的检查和评估工作；

10.2.9 协助主任配合主管机关抓好专项培训考核工作；

10.2.10 协助主任制定内部管理规章并组织实施；

10.2.11 完成领导交办的其他工作。

岗位替代人：船员培训中心主任

10.3 船员培训中心申办员岗位职责

上级主管：船员培训中心主任

岗位职责：

10.3.1 负责与主管机关联系，收集船员教育与培训与申报有关信息；

10.3.2 负责向主管机关申报各类海员培训开班申请计划；

10.3.3 负责组织培训班学员进行登记注册；

10.3.4 负责到主管机关办理各种证件和向学员发放证件；

10.3.5 负责填报学员办理证件需要的各种表格；

10.3.6 负责计算机无纸化考试的学员报名工作；

10.3.7 负责组织学员到海事局指定的医院进行体检；

10.3.8 负责在海事局申报网站对海事学院新入学学员进行入学报备；

10.3.9 负责在海事局申报网站对海事学院毕业学员进行毕业报备；

10.3.10 完成领导交办的其他工作。

岗位替代人：船员培训中心教务管理员

10.4 船员培训中心教务管理员岗位职责

上级主管：船员培训中心主任

岗位职责：

10.4.1 根据培训项目、培训日程，负责组织教学计划的实施和课程表的编制；

10.4.2 负责与任课教师签订教学任务书和协议书；

10.4.3 负责专项培训的学员日常管理；

10.4.4 负责培训班教学质量测评与评估活动的实施；

10.4.5　负责制作专项考务工作需要的各类表格及开具学员培训合格证明；

10.4.6　负责培训考证学员考试（含补考）的登记及收费工作；

10.4.7　负责将相关培训教学资料整理汇总后交质量管理员存档；

10.4.8　负责任课教师课时费的核算和申报；

10.4.9　完成领导交办的其他工作。

岗位替代人：船员培训中心申报员

10.5　船员培训中心质量管理员岗位职责

上级主管：船员培训中心主任

岗位职责：

10.5.1　负责质量体系文件资料的保管、查询、整理工作；

10.5.2　负责体系文件运行过程中质量记录、编目；

10.5.3　参与内部质量审核和外部审核认证的组织、筹备工作；

10.5.4　负责不合格项信息的收集、传递及反馈；

10.5.5　负责资料室的管理工作；

10.5.6　协助院领导做好质量体系内外审工作。

岗位替代人：船员培训中心申报员

11　档案馆

11.1　档案馆馆长岗位职责

上级主管：分管副校长

岗位职责：

11.1.1　全面主持档案馆工作，确保质量体系文件在本部门的贯彻实施、质量意识教育与监督和质量责任的分解落实以及有效运行；

11.1.2　宣传贯彻执行《高等学校档案管理办法》《高等学校档案管理规范》等国家和地方关于档案工作的法令、政策和规定；执行上级主管机关下达的有关档案工作的指令和规范；提高档案意识；

11.1.3　负责制订学校档案工作计划和长远规划，协调全校档案工作，对各单位档案工作进行监督、指导和检查；

11.1.4　制定和组织实施本校档案工作的规章制度，履行依法治档职责，提高档案人员的素养和档案工作水平；

11.1.5　负责组织指导学校档案和有关资料的收集、征集、整理、分类、鉴定、保管、统计、借阅、移交、销毁等工作，并进行科学管理，为师生员工和社会提供利用服务；

11.1.6　严格执行保密和安全制度，维护档案的完整性、准确性、系统性；做好档案密级划控、守密、解密和安全防范工作；

11.1.7　负责学校的公章管理，确保公章使用安全。学校公章、合同章、发票专用章、收款专用章需法人签字后方可使用。

岗位替代人：分管副校长

11.2　档案馆管理员（兼质管员）岗位职责

上级主管：档案馆馆长

岗位职责：

11.2.1　根据实际情况及时地将各部门送来存档的材料按项目进行归档；认真做好材料的积累、收集、整理、归档；

11.2.2 负责签收外来公文和学校其他文件资料，做好相关存档工作，及时登记，分类装盒；

11.2.3 整理收集好财务处上交的所有财务资料。包括财务凭证、账本、财务报表、工资清册等（财务凭证和财务帐本可以在财务除保留一年第三年送归档案馆，财务报表和工资清册按照管理文件归档时间归档），积极配合财务人员日常的财务查询工作；

11.2.4 负责收集、归档学校各部门出版的书籍、刊物、报纸；

11.2.5 协助馆长做好保密和安全制度，维护档案的完整性、准确性、系统性；做好档案密级划控、守密、解密和安全防范工作；

11.2.6 负责本部门质量管理文件的收集、整理、登记、归档工作。

岗位替代人：档案馆馆长

12 资产处

12.1 资产处处长岗位职责

上级主管： 分管副校长

岗位职责：

12.1.1 负责资产处的全面工作，组织实施全校固定资产的管理和无形资产的证照监管；

12.1.2 负责确保质量体系文件在本部门的贯彻实施、质量意识教育与监督和质量责任的分解、落实以及体系的有效运行；

12.1.3 负责组织实施行政办公、教育教学、实验实训设备仪器的购置计划审核、验收工作；

12.1.4 负责组织全校资产清查等工作；

12.1.5 负责监督检查全校资产调配工作；

12.1.6 负责学校新增专业的设施设备申报材料编写和组织实施设备采购、核验工作；

12.1.7 负责资产仓库的检查工作；

12.1.8 负责学校领导交办其他的事务。

岗位替代人： 资产管理科科长

12.2 资产管理科科长（兼质管员）岗位职责

上级主管： 资产处处长

岗位职责：

12.2.1 负责学校各类固定资产的调配工作；

12.2.2 负责组织 10 万元以上且占地面积大于 1 平方米的设备等固定资产存放具体位置画黄线；

12.2.3 负责落实资产管理，完成资产报损报废检查、分析总结资产调配执行情况；

12.2.4 负责检查是否有空闲资产，对空闲资产及时调配使用；

12.2.5 负责组织资产验收，对固定资产贴标签；

12.2.6　对设备维修报损组织专业工程师进行鉴定工作；

12.2.7　负责组织、实施全校资产清查等工作；

12.2.8　负责管理资产仓库，登记出入库情况；

12.2.9　负责校内外场地、设施设备管理工作；

12.2.10　负责本部门质量管理文件的收集、整理、登记、归档工作；

12.2.11　完成领导交办的其他相关工作。

岗位替代人：资产统计科科长

12.3　资产统计科科长岗位职责

上级主管：资产处处长

岗位职责：

12.3.1　负责学校固定资产管理系统的管理工作；

12.3.2　负责处内的质量体系文件收集整理；

12.3.3　负责学校教职工离职资产清查、移交工作；

12.3.4　负责各部门调配和移交的资产录入固定资产管理系统；

12.3.5　负责打印资产标签，协助资产管理科长进行资产标签的登记、贴标工作；

12.3.6　负责协助资产管理科长进行资产调配和资产验收工作；

12.3.7　负责协助资产管理科长对 10 万元以上且占地面积大于 1 平方米的设备等固定资产位置画黄线图；

12.3.8　负责根据入库单准确登账，编制入库明细表，与财务进行月对账工作；

12.3.9　负责对固定资产分教学、教辅、后勤与行政资产编序号、分类，依据固定资产编号、记账凭证号、原始材料、会计记账的固定资产入库单统计固定资产的名称、品牌、型号、规格、数量、单价、金额、保管人、保管部门、供应单位、核验人、鉴定人、盘点人进行统计；

12.3.10　负责办公室日常文件收发和管理工作；

12.3.11　完成领导交办的其他相关工作。

岗位替代人：资产管理科科长

12.4　资产采购科科长岗位职责

上级主管：资产处处长

岗位职责：

12.4.1　负责学校办公、教学教辅、后勤设备的购置工作；

12.4.2 负责对固定资产及耗材建立学期标准价格；

12.4.3 负责固定资产的询价、比质比价工作；

12.4.4 负责资产购置售后服务的协调监督；

12.4.5 完成领导交办的其他相关工作。

岗位替代人：资产管理科科长

12.5 资产开票员岗位职责

上级主管：资产处处长

岗位职责：

12.5.1 负责根据学校法人代表终审的合同原件进行现场验收数量、验收标明外观、质量后，开具资产数量质量验收、入库单，原件上所印制的资产总编号为入库单号码；

12.5.2 负责学校固定资产使用的耗材验收、对物品验收后做标识，开具资产数量质量验收、入库单；

12.5.3 负责协助基建验收工作；

12.5.4 完成领导交办的其他相关工作。

岗位替代人：资产统计科科长

13 图书馆

13.1 图书馆馆长岗位职责

上级主管： 分管副校长

岗位职责：

13.1.1 主持图书馆全面工作，积极落实教育部颁发的《普通高等学校图书馆规程》；

13.1.2 负责馆内质量意识教育与监督和质量责任的分解、落实以及体系的有效运行；

13.1.3 领导制订图书馆发展规划、规章制度、工作计划及经费预算，并组织贯彻实施；

13.1.4 负责图书馆现代化建设，积极开展图书馆自动化、网络化、数字化技术的研究和应用工作，不断提高工作效率和服务质量；

13.1.5 负责主持馆务会议，决定全馆业务和行政管理中的重大问题；

13.1.6 负责审定图书资料采购分配计划，协调职能部门做好图书馆文献资源采购工作；

13.1.7 负责协调馆内外的各种关系，加强与校内外有关单位的沟通与协作；

13.1.8 完成院领导交办的有关任务。

岗位替代人： 采编部主任

13.2 图书馆办公室主任（行政干事兼质管员）岗位职责

上级主管： 图书馆馆长

岗位职责：

13.2.1 协助馆领导，处理全馆日常事务，如文件、通知和函件的签收、传达、落实与检查，负责内外联系与接待，会议安排与通知等；

13.2.2 负责本部门质量管理体系文件的收集，整理，登记，归档工作；

13.2.3 协助馆领导制订工作计划、岗位职责、考核办法、规章制度和工作总结，组织全馆性活动；

13.2.4 负责组织落实安全、保卫、防火、防盗及清洁卫生等工作；

13.2.5 筹划馆舍、设备、家具等的维修、保养工作；

13.2.6 负责统计核定各部人员考勤，负责全馆临时工及勤工助学学生的管理工作；

13.2.7 负责规划、组织、协调全馆各项业务工作；

13.2.8 负责组织制订图书资料采购分配计划、电子资源的采购计划；

13.2.9 完成馆领导交办的其他工作。

岗位替代人： 流通部主任

13.3 图书馆采编部主任岗位职责

上级主管： 图书馆馆长

岗位职责：

13.3.1 负责制订采编部工作计划，检查本部门工作进展情况；

13.3.2 负责本部的日常行政及业务管理工作；

13.3.3 负责本部各岗位绩效考核；

13.3.4 负责协调部内工作，保证本部各项工作的正常运作；

13.3.5 根据学校学科发展的需要，考虑文献建设的构建体系；

13.3.6 负责组织本部人员学习探讨业务工作、开展业务研究，规范业务流程，完善运作机制；

13.3.7 负责组织实施图书资料及电子文献的采购工作；

13.3.8 完成馆领导交办的其他工作。

岗位替代人： 信息技术部主任

13.4 图书馆流通部主任岗位职责

上级主管： 图书馆馆长

岗位职责：

13.4.1 负责制订流通部工作计划，检查本部工作落实情况；

13.4.2 负责本部的日常行政及业务管理工作；

13.4.3 负责管理全校读者的图书借还及读者咨询服务工作；

13.4.4 负责每月汇总本部业务统计，掌握本部工作情况，分析图书利用情况和读者借阅倾向，不断改进管理工作，以提高读者服务质量；

13.4.5 负责管理纸质图书的馆际互借和本部勤工俭学学生的工作；

13.4.6 负责检查本部门的安全保卫和清洁卫生工作；

13.4.7 负责协调、畅通各阅览室、流动窗口、流动图书的服务环节，保证为读者提供便利、快捷、满意的服务；

13.4.8 负责安排服务台、阅览室等窗口岗位的值、排班工作；

13.4.9 完成馆领导交办的其他工作。

岗位替代人： 办公室主任（行政干事兼质管员）

13.5　图书馆信息技术部主任岗位职责

上级主管： 图书馆馆长

岗位职责：

13.5.1 负责制订信息技术部工作计划，检查本部工作落实情况；

13.5.2 负责本部的日常行政及业务管理工作；

13.5.3 协助馆领导做好图书馆现代化建设的规划和统筹管理工作，负责组织图书馆网络自动化系统、现代化设备的维护管理工作；

13.5.4 负责本馆采购、引进的各类数据库、镜像站点的安装、维护，电子期刊与电子图书资源的安装、维护及管理工作；

13.5.5 负责本馆自动化系统的日常维护、数据备份、MARC 数据安装工作；

13.5.6 负责图书馆网站建设、网页更新及日常维护工作；

13.5.7 负责图书馆机房服务器和备份服务器中的日志及数据适时备份；

13.5.8 协助馆内其他部门开展文献资源共享、信息咨询服务工作；

13.5.9 完成馆领导交办的其他工作。

岗位替代人： 采编部主任

14 后勤处

14.1 后勤处处长岗位职责

上级主管：分管副校长

岗位职责：

14.1.1 负责贯彻上级文件精神；

14.1.2 负责全处工作统筹安排，确保质量体系文件在本处的贯彻落实、质量意识教育与监督和质量责任的分解、落实以及体系的有效运行；

14.1.3 负责研究制定并组织实施学校后勤工作，建立完善的后勤保障服务体系，促进学校后勤服务工作的健康发展；

14.1.4 负责编制和组织实施学校后勤工作计划、措施和规章制度，并监督检查工作落实情况；

14.1.5 负责学校后勤队伍建设，科学合理设岗建职，抓好后勤工作人员的政治理论、业务工作的学习和培训；

14.1.6 负责学校的水电、五金木工等各类维修与管护工作；

14.1.7 负责学校公共区域的卫生保洁和校园景观、绿化的管护等工作；

14.1.8 责负学校经营场所（商铺、食堂等）的经营管理和食品卫生安全的监督等工作；

14.1.9 负责学校各类维修改造项目的方案制定和组织实施等工作；

14.1.10 接受学校领导及师生对后勤工作的监督和投诉，及时纠正整改；

14.1.11 负责组织召开后勤工作周例会，查找问题，制定整改措施，认真完成各项工作任务；

14.1.12 完成领导交办的其他工作任务。

岗位替代人：后勤副处长

14.2 后勤处副处长岗位职责

上级主管：后勤处处长

岗位职责：

14.2.1 协助处长做好处内各项工作；

14.2.2 全面负责校园内公共场所的卫生保洁、绿化美化等工作；

14.2.3 要经常对校园卫生环境、绿化景观进行巡查和监督，及时发现问题并督促整改；

14.2.4 要对分管工作进行统筹安排、合理分工，对分管的各岗位人员进行绩效监督与考核，确保各岗位工作人员尽职尽责，按时保质保量完成工作任务；

14.2.5 及时向处长汇报分管工作情况，并提出合理化建议；

14.2.6 协助处长做好员工的业务培训，强化员工服务意识和业务技能；

14.2.7 按时参加后勤工作周例会，认真分析分管工作存在的问题，制定整改措施，努力完成各项工作任务；

14.2.8 完成领导交办的其他工作任务。

岗位替代人： 后勤处处长

14.3　后勤处秘书（兼质管员）岗位职责

上级主管： 处长

岗位职责：

14.3.1 协助处长做好处内工作协调、对外联络和内勤等工作；

14.3.2 协助处长做好全处工作统筹安排，确保质量体系文件在本处的贯彻落实、质量意识教育与监督和质量责任的分解、落实以及体系的有效运行；

14.3.3 负责处内各类文件和质量体系文件的收发、登记、处理、归档等工作；

14.3.4 负责处内财务、资产、印章、档案管理等工作；

14.3.5 负责全校的报修登记，协助处长做好维修安排，并做好记录台账；

14.3.6 协助处长召开后勤工作周例会，做好会议记录；

14.3.7 完成领导交办的其他工作任务。

岗位替代人： 后勤处副处长

14.4　后勤处水电科长岗位职责

上级主管： 后勤处处长

岗位职责：

14.4.1 负责学校教学楼、校舍及公共场所的水电维修与管理工作；

14.4.2 负责落实学校对水电、消防用水、水质过滤等维修保养的各项规定；

14.4.3　负责实施对配电房、发电机房、水泵房、纯净水房、污水井、雨水井、污水处理厂等管理维护；

14.4.4　负责确保水电区域维修后，及时清理维修现场；

14.4.5　负责排查乱拉电线、乱迁水管，预防偷电行为；

14.4.6　负责台风前全校范围内的水电检查；

14.4.7　负责水电工团队的建设；

14.4.8　负责每年维修材料的计划；

14.4.9　接受学校领导及师生对后勤水电科工作的监督和投诉，及时纠正整改；

14.4.10　按时参加后勤工作周例会，认真分析分管工作存在的问题，制定整改措施，努力完成各项工作任务；

14.4.11　完成领导交办的其他工作任务。

岗位替代人：后勤处副处长

14.5　后勤处五金木工维修科长岗位职责

上级主管：后勤处处长

岗位职责：

14.5.1　负责学校教学楼、校舍等公共场所门窗、制度牌、门牌、五金、木制品等维修与管理工作；

14.5.2　负责制定学校教学楼、校舍等公共场所门窗、制度牌、门牌等维修、保养、安装的合理计划；

14.5.3　负责台风前全校范围内的门窗检查；

14.5.4　负责五金木工团队的建设；

14.5.5　负责每年维修材料的计划；

14.5.6　接受学校领导及师生对后勤五金木工维修科工作的监督和投诉，及时纠正整改；

14.5.7　按时参加后勤工作周例会，认真分析分管工作存在的问题，制定整改措施，努力完成各项工作任务；

14.5.8　完成领导交办的其他工作任务。

岗位替代人：后勤处副处长

14.6　后勤处膳食科长岗位职责

上级主管：后勤处处长

岗位职责：

14.6.1 负责落实学院食堂食品卫生安全管理工作；

14.6.2 负责检查各食堂米、油等食材进货渠道和合格证明，并做好检查记录；

14.6.3 负责检查各食堂后厨操作间的卫生及人员卫生情况，并做好检查记录；

14.6.4 负责编写食堂检查周工作小结、月检查报告；

14.6.5 负责监督食堂经营，对禁止售卖商品（如烟、酒等）经常检查，发现违规经营情况及时处理并上报领导；

14.6.6 负责监督纠正师生用餐文明行为习惯；

14.6.7 负责对学校饮用水源定期进行检查并做好相应记录，发现问题及时处理并上报领导；

14.6.8 接受学校领导及师生对后勤膳食科工作的监督和投诉，及时纠正整改；

14.6.9 按时参加后勤工作周例会，认真总结工作经验，提出合理化工作意见，努力完成本科室各项工作任务；

14.6.10 完成领导交办的其他工作任务。

岗位替代人：后勤处副处长

14.7 后勤处保洁科长岗位职责

上级主管：后勤处处长

岗位职责：

14.7.1 协助分管领导落实校园内公共场所的卫生保洁、绿化美化等工作，为广大师生创造一个整洁优雅的学习、办公、生活环境；

14.7.2 协助分管领导制定和完善各项规章制度和管理办法，严格考勤、考核制度；

14.7.3 负责本科室保洁工具等物品的维护与管理工作；

14.7.4 协助分管领导对各岗位工作人员进行合理分工，统一调剂，确保工作实效，建立长效用工机制；

14.7.5 协助分管领导对各岗位的工作人员进行绩效监督与考核，发现问题及时整改，确保各岗位员工尽职尽责，按时保质保量地完成保洁工作任务；

14.7.6 接受学校领导及师生对后勤保洁科工作的监督和投诉，及时纠正整改；

14.7.7 负责按时完成学校安排的区域卫生工作任务；

14.7.8 按时参加后勤工作周例会，认真总结工作经验，提出合理化工作意见，努力完成本科室各项工作任务；

14.7.9 完成领导交办的其他工作任务。

岗位替代人：后勤处副处长

14.8　宿舍管理科科长岗位职责

上级主管：后勤处处长

岗位职责：

14.8.1　负责对学生宿舍资产清查的登记工作；

14.8.2　负责学生宿舍分配工作；

14.8.3　负责监督物业宿舍主管对学生宿舍的日常管理；

14.8.4　负责协调二级学院对本院学生住宿用房分配的调度工作；

14.8.5　完成部门领导交办的其他工作。

岗位替代人：后勤处副处长

14.9　仓库管理员岗位职责

上级主管：后勤处处长

岗位职责：

14.9.1　负责对物资入库验收，出库复核和保管保养的责任；

14.9.2　负责申报维修人员上报需要的维修材料；

14.9.3　严格手续，出入库物资做到：收有凭，发有据，及时记账，手续清楚，账物相符；

14.9.4　加强管理，合理规划，库房使用要做到"堆垛整齐，方便收发，方便整齐"；

14.9.5　讲究文明卫生，经常保持环境清洁；

14.9.6　妥善保管好库存物资，分门别类摆放整齐，按时做好物资的清盘报表工作；

14.9.7　完成部门领导交办的其他工作。

岗位替代人：后勤处副处长

15 督导办

15.1 督导办主任岗位职责

上级主管： 分管副校长
岗位职责：

15.1.1 全面主持教育教学督导办公室工作，负责行政事务管理和督导业务管理；

15.1.2 负责组织开展督教、督学、督管、督研工作，组织实施常规检查、听课检查、专项检查和意见反馈等督导业务工作；

15.1.3 负责组织制定教学督导工作规划和管理制度并实施；

15.1.4 负责专兼职督导员的选聘、管理、考核和服务工作；

15.1.5 负责组织督导工作例会，传达学校领导对督导工作的指示和要求，布置督导任务，组织督导员对教学工作的现状和问题进行分析和评议；

15.1.6 负责组织和指导督导员对学校教学工作和社会关注的教育热点进行调研；

15.1.7 负责组织教学质量评估；

15.1.8 负责组织编写《督导工作简报》，为提升教育教学及服务保障管理工作质量和水平建言献策，为学校深化改革决策提供参考；

15.1.9 负责组织撰写督导工作年度总结；

15.1.10 负责本部门质量意识教育和质量责任的分解与落实，确保质量体系文件在本部门的贯彻落实；对本部门实际或潜在的不合格项采取纠正和预防措施；

15.1.11 完成学校和分管校长安排的其他工作。

岗位替代人： 分管副校长

15.2 督导员岗位职责

上级主管： 督导办主任
岗位职责：

15.2.1 负责在全校范围内随机听课，了解教师课堂教学、实验教学情况和讲稿、教案、多媒体课件质量情况，及时向被听课的教师提出指导性意见；

15.2.2　参加每学期的教学资料专项检查，抽查试卷、实习报告、实验报告、毕业论文，并认真填写评价表；

15.2.3　根据学校需要，参与各类教学奖项、教学改革项目、优秀课程立项的评审工作；

15.2.4　参与教师、学生座谈会，听取师生对学校教学工作的意见和建议，并及时向学校、院（部）和教务处反馈信息和提出建议；

15.2.5　参加教学督导工作例会及教学督导专题会议；

15.2.6　负责收集和反馈各教学单位、师生对教学管理工作的意见，教师对学生学风的意见，学生对教师教风的意见；

15.2.7　负责在学期结束前一周提交本学期的工作总结；

15.2.8　完成学校领导交办的其他教学督导工作。

岗位替代人： 督导员

15.3　督导办秘书（兼质管员）岗位职责

上级主管： 督导办主任

岗位职责：

15.3.1　负责督导办日常行政事务管理；

15.3.2　负责本部门质量管理体系文件的收集、整理、登记、归档工作；

15.3.3　负责收集、处理、保存有关督导资料；

15.3.4　配合做好专兼职教学督导员队伍和教学信息员队伍的建设和管理工作；

15.3.5　配合做好教学质量评估；

15.3.6　负责开展调查问卷并做好数据的统计和分析工作；

15.3.7　完成学校领导、主任交办的其他工作。

岗位替代人： 督导办主任

第二部分　程序文件

1 人才培养方案和课程标准编制、修订控制程序

1.1 目的

确保专业人才培养方案和课程标准满足培养目标的要求。

1.2 适用范围

学校全日制本科和专科人才培养方案、课程标准的编制、评审、审批、发布、修改过程控制。

1.3 职责

1.3.1 学院负责本院人才培养方案和课程标准的编制与修订。

1.3.2 教务处负责组织编制、修订、审核、印制各专业人才培养方案和编印课程标准。

1.3.3 校教学指导委员会专家组负责评审人才培养方案和课程标准。

1.3.4 校长签发人才培养方案，教学副校长签发课程标准。

1.4 工作程序

1.4.1 组织编制和修订人才培养方案

1.4.1.1 根据专业教学的实际情况，教务处负责提出编制人才培养方案的原则意见，提供人才培养方案框架模板。组织召开"关于××级人才培养方案编制工作部署"的会议，下发《海南科技职业大学××专业现代职业教育人才培养方案（××××级专科）》或《海南科技职业大学××职业本科专业人才培养方案（××××级）》模版，部署相关事宜。

1.4.1.2 学院负责收集与编制人才培养方案有关的资料，应包括：与各专业相关的行业要求；专业调研资料；未来社会对人才的知识结构、能力结构的要求；国家主管机关的指导性培养计划与大纲；毕业生用人单位的反映和要求；毕业生意见的反馈；毕业生的质量分析以及学院办学能力等。

1.4.1.3 学院组织本专业教师、自有的管理级船员遵照《中华人民共和国船员培训和船员管理质量管理规则》《××××级人才培养方案编制/修订的通知》要求和模板编制/修订人才培养方案。

1.4.1.4 学院负责聘请本院教学指导委员会分会成员（由教授/副教授，管理级船员

以及用人单位管理级船员）对人才培养方案初稿进行初审（初审与编制人员不相同），并填写《××级××专业人才培养方案初审意见表》。

1.4.1.5 初审主要包括：人才培养方案的符合性、适用性；培养目标；主要课程设置；实践教学安排；总学时数、学分数以及理论教学时数与实践教学时数的比例；教学进程的安排等内容。

1.4.1.6 通过初审的人才培养方案，经执笔人、专业负责人、院长签字，教务处统一汇总，处长签字交至分管教学副校长签字，上报至校教学指导委员会进行评审，通过后填写《××级人才培养方案审核意见表》，报校长签发。

1.4.1.7 若当年新编制人才培养方案时，其版式、结构、内容基本沿用上次发布的版本的情况下，仅有年号变更、代码变更等非实质内容变更的，由教务处负责检查校对后，报校长签发。

1.4.2 编制和修订课程标准

1.4.2.1 教务处组织各教学单位，根据教学指导委员会审批确定的人才培养方案编制／修订相应的课程标准。

1.4.2.2 教务处拟出编制／修订课程标准的具体要求和模板，下发到教学单位。

1.4.2.3 教学单位组织相关专业教师、管理级船员按照要求和模板，编制／修订课程标准。其中航海类专业需参照《〈中华人民共和国船员培训管理规则〉实施办法》有关船员培训课程和实施计划编制、论证和确认的要求进行编制／修订课程标准。

1.4.2.4 教学单位负责组织审定课程标准（航海类专业课程标准由所在学院组织审定；三副／三管轮岗位适任培训大纲由船员培训中心审定）；教学单位教学指导委员会分会（包括管理级船员）组织、讨论、修改，审核人员（审核与编制人员不相同）填写《课程标准审核意见表》。交送教务处汇总，报校教学指导委员会审批，分管教学副校长签发，通过后由教务处组织印制与发放。

1.4.2.5 若当年新编制课程标准时，其版式、结构、内容基本沿用上次发布的版本的情况下，仅有年号变更、代码变更、考核方式、课程类型等非实质内容变更的，由教务处负责检查校对后，报教学副校长签发。

1.4.3 人才培养方案和课程标准的修改

1.4.3.1 人才培养方案和课程标准的修改需遵循《海南科技职业大学人才培养方案修订制度》和《海南科技职业大学课程标准编制指导意见》中的修订原则和编制要求。

1.4.3.2 经校教学指导委员会审批后的人才培养方案一般不能更改，如执行中需作个别调整，由教学单位提出书面报告，经教务处同意后方可调整。因特殊原因，人才培养方案需作较大修改，经教务处上报分管教学副校长、校教学指导委员会审批后方可进行。

1.4.3.3 课程体系变更或教学内容发生较大变更时，必须对课程标准进行修订。由教学单位提出书面报告，经教务处同意、校教学指导委员会批准后方可调整。

1.4.4 流程图

1.4.4.1 人才培养方案的编制／修订。

```
                教务处负责人才培养方案的编制／修订的组织
        ┌──────────────────────┐        ┌──────────────────────┐
        │ 版式、内容有较大范围变更 │        │ 版式、内容无实质变更 │
        └──────────────────────┘        └──────────────────────┘
                负责人才培养方案的编制／修订的实施
        教学指导委员会分会负责人才培养方案的初审
        校教学指导委员负责人才培养方案的评审          教务处检查校对
        校长负责人才培养方案的签发
        教务处负责组织人才培养方案的印制与发放
                        执行与使用
    大范围调整        个别调整：由提出修改申
                      请，教务处同意后，修改
                      执行
```

人才培养方案修订制度

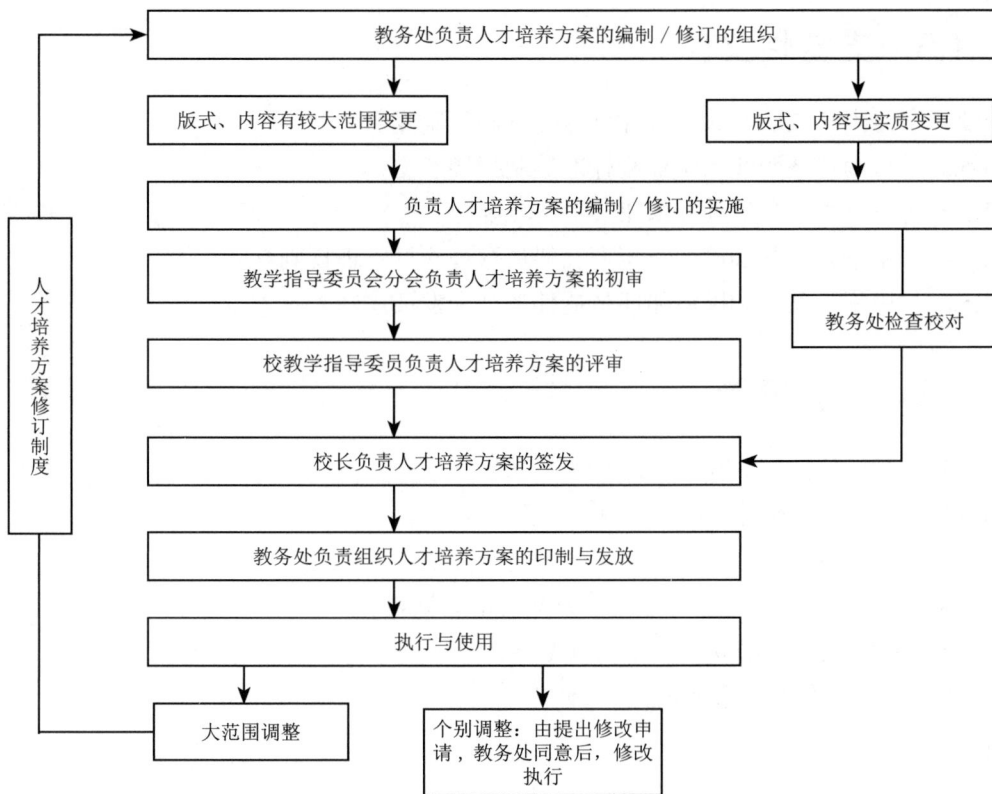

1.4.4.2 课程标准的编制／修订。

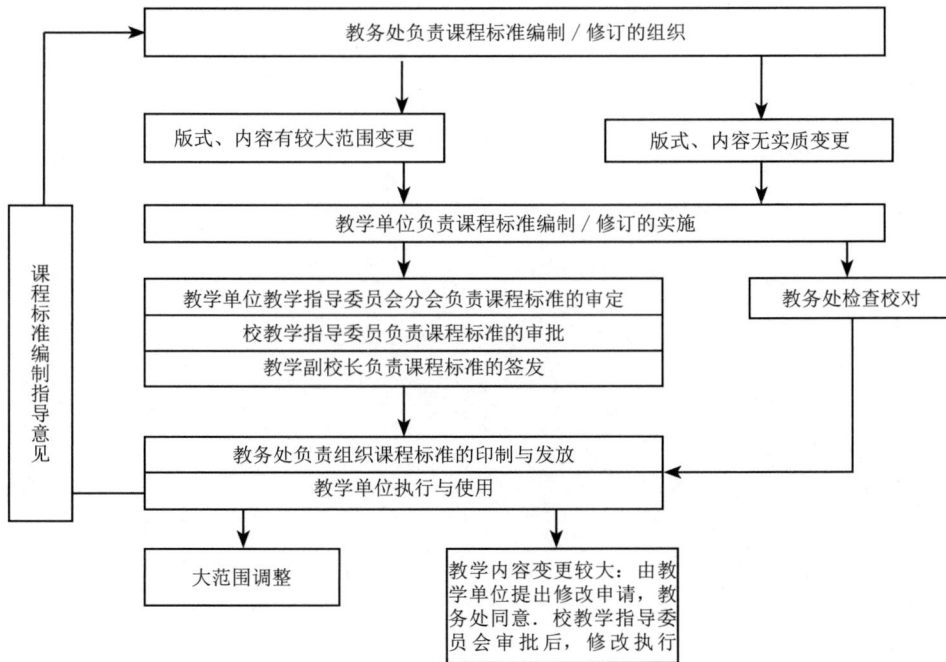

```
                教务处负责课程标准编制／修订的组织
        ┌──────────────────────┐        ┌──────────────────────┐
        │ 版式、内容有较大范围变更 │        │ 版式、内容无实质变更 │
        └──────────────────────┘        └──────────────────────┘
                教学单位负责课程标准编制／修订的实施
        教学单位教学指导委员会分会负责课程标准的审定    教务处检查校对
        校教学指导委员负责课程标准的审批
        教学副校长负责课程标准的签发
        教务处负责组织课程标准的印制与发放
        教学单位执行与使用
    大范围调整        教学内容变更较大：由教
                      学单位提出修改申请，教
                      务处同意．校教学指导委
                      员会审批后，修改执行
```

课程标准编制指导意见

69

1.5　支持性文件

1.5.1　《海南科技职业大学人才培养方案修订制度》。

1.5.2　《海南科技职业大学课程标准编制指导意见》。

1.5.3　《海员培训、发证和值班 (STCW) 规则》。

1.5.4　《中华人民共和国船员培训和船员管理质量管理规则》。

1.5.5　《中华人民共和国海船船员适任考试和发证规则》。

1.6　质量记录

1.6.1　××专业人才培养方案（××级专科）。

1.6.2　××职业本科专业人才培养方案（××级）。

1.6.3　课程标准。

1.6.4　××级××专业人才培养方案初审意见表。

1.6.5　××级人才培养方案审核意见表。

1.6.6　课程标准审核意见表。

2 招生与录取程序

2.1 目的

对学生招收过程进行控制，保证生源质量。

2.2 适用范围

学校全日制本科、专科学生招生录取工作。

2.3 职责

2.3.1 招生办负责全日制本科、专科招生计划编制、招生宣传、录取和新生资格审查，组织协调有关部门做好新生报到工作，负责学校教工招生任务的落实。

2.3.2 分管招生校领导负责审定招生计划。

2.3.3 船员培训中心负责组织航海类新生进行体检。

2.3.4 各学院负责统计新生报到人数。

2.4 全日制本科、专科招生工作程序

2.4.1 招生计划的编制

2.4.1.1 根据交通主管部门对培训规模的许可规定，根据上级主管部门批准下达的各省招生计划，招生办主任助理编制分省、分专业招生计划，填写《各省份分专业统招招生计划表》，经招生办主任审核后，报分管招生校领导复审，最高管理者（校长）批准发布。

2.4.1.2 将学校领导审核的分省、分专业招生计划，上报教育厅备核。

2.4.1.3 在规定时间内，向各有关省（市、自治区）招生办公室报送批准下达的该地区分专业招生计划。

2.4.1.4 因特殊原因更改招生计划时，按前述相关的程序处理。

2.4.2 招生准备工作

2.4.2.1 2—3月招生办根据招生计划拟定招生宣传材料和招生简章，并报分管校领导审定。

2.4.2.2 4—5月印制招生宣传材料和招生简章，组织招生宣传人员进行招生宣传。

2.4.2.3 6—7月组织招生录取工作人员进行培训，完成招生录取准备工作。

2.4.3 录取与新生报到

2.4.3.1 招生办按各省（市）及学校有关招生规定进行网上录取。

2.4.3.2 录取名单确定后，报省（市、自治区）招办打印《普通高等学校录取新生名册》，并将录取新生名单上传到学校网站供考生查询。

2.4.3.3 寄发录取通知书和新生报到须知。

2.4.3.4 填写《各省网上录取情况汇总表》并将录取新生数据导入学校新生报到系统。

2.4.3.5 招生办负责组织、协调相关部门做好新生入学工作。

2.4.3.6 新生报到时，招生办负责新生资格审查。

2.4.3.7 船员培训中心负责根据中华人民共和国国家标准 GB 船员健康检查要求和当年的招生简章，组织航海类新生进行体检，将体检不符合专业标准的学生报招生办讨论做出处理决定。

2.4.4 招生工作完成

2.4.4.1 在招生工作结束后，各学院统计新生报到总人数，新生报到总名册交教务处、学工处及招生办，招生办将录取新生总名册移交校档案馆并填写《质量记录移交清单》。

2.4.4.2 每年新生报到后，招生办整理统计招生与录取的有关数据，填写《各专业新生报到率统计表》，将招生完成情况统计后报送上级主管部门。

2.4.5 流程图

2.4.5.1 新生报到流程。

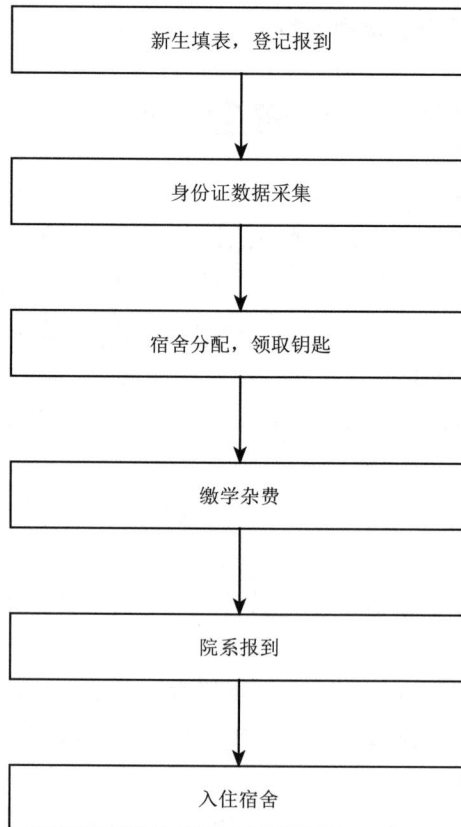

```
新生填表，登记报到
        ↓
身份证数据采集
        ↓
宿舍分配，领取钥匙
        ↓
缴学杂费
        ↓
院系报到
        ↓
入住宿舍
```

2.4.5.2 海南科技职业大学远程网上录取流程。

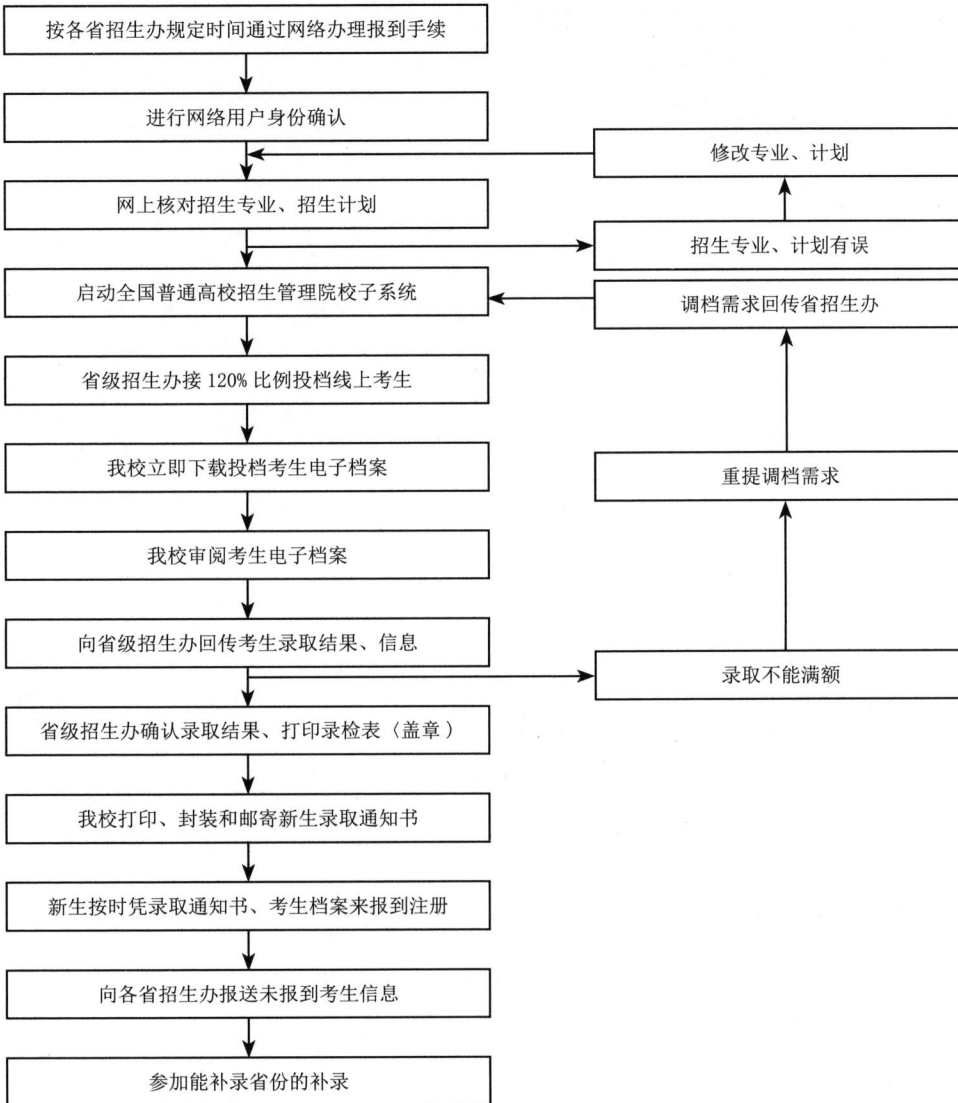

```
┌─────────────────────────────────┐
│ 按各省招生办规定时间通过网络办理报到手续 │
└─────────────────────────────────┘
              │
              ▼
┌─────────────────────────────────┐                    ┌──────────────────────┐
│        进行网络用户身份确认        │◄───────────────────│     修改专业、计划     │
└─────────────────────────────────┘                    └──────────────────────┘
              │                                                    ▲
              ▼                                                    │
┌─────────────────────────────────┐                    ┌──────────────────────┐
│      网上核对招生专业、招生计划     │───────────────────►│   招生专业、计划有误    │
└─────────────────────────────────┘                    └──────────────────────┘
              │
              ▼                                          ┌──────────────────────┐
┌─────────────────────────────────┐                    │   调档需求回传省招生办   │
│   启动全国普通高校招生管理院校子系统  │◄───────────────────└──────────────────────┘
└─────────────────────────────────┘
              │
              ▼
┌─────────────────────────────────┐
│   省级招生办接120%比例投档线上考生  │
└─────────────────────────────────┘
              │
              ▼                                          ┌──────────────────────┐
┌─────────────────────────────────┐                    │      重提调档需求      │
│    我校立即下载投档考生电子档案     │                    └──────────────────────┘
└─────────────────────────────────┘                                ▲
              │                                                     │
              ▼
┌─────────────────────────────────┐
│       我校审阅考生电子档案        │
└─────────────────────────────────┘
              │
              ▼                                          ┌──────────────────────┐
┌─────────────────────────────────┐                    │      录取不能满额      │
│   向省级招生办回传考生录取结果、信息 │───────────────────►└──────────────────────┘
└─────────────────────────────────┘
              │
              ▼
┌─────────────────────────────────┐
│省级招生办确认录取结果、打印录检表（盖章）│
└─────────────────────────────────┘
              │
              ▼
┌─────────────────────────────────┐
│  我校打印、封装和邮寄新生录取通知书  │
└─────────────────────────────────┘
              │
              ▼
┌─────────────────────────────────┐
│新生按时凭录取通知书、考生档案来报到注册│
└─────────────────────────────────┘
              │
              ▼
┌─────────────────────────────────┐
│    向各省招生办报送未报到考生信息    │
└─────────────────────────────────┘
              │
              ▼
┌─────────────────────────────────┐
│       参加能补录省份的补录        │
└─────────────────────────────────┘
```

2.5　支持性文件

2.5.1 《海南科技职业大学远程录取工作规定》。

2.5.2 《海南科技职业大学招生退档原则》。

2.5.3 《普通高校招生体检工作指导意见》。

2.5.4 《船员健康检查要求（中华人民共和国国家标准 GB）》。

2.6　质量记录

2.6.1 普通高等学校录取新生名册。

2.6.2　各专业新生报到率统计表。

2.6.3　分省份分专业统招招生计划表。

2.6.4　各省网上录取情况汇总表。

2.6.5　质量记录移交清单。

3 学生学籍注册和毕业证书管理程序

3.1 目的

确保学生按学籍管理条例取得学籍，接受教育，获得相应的学历证书。

3.2 适用范围

面向学校本科、专科全日制学生及教学管理部门所进行的学籍管理活动。

3.3 职责

3.3.1 教务处学籍科负责新生学籍注册工作，并在规定时间内上报到上级主管部门。

3.3.2 教务处学籍科负责组织学生学籍查询。

3.3.3 教务处学籍科负责管理学生成绩。

3.3.4 教务处学籍科负责办理学籍异动手续。

3.3.5 教务处学籍科负责毕业生电子图像信息采集。

3.3.6 教务处学籍科负责办理毕业生学历电子注册、资格审查、印制毕业证书。

3.3.7 学院负责学生学籍异动的审核和发放毕业证。

3.4 工作程序

3.4.1 注册学籍

教务处学籍科根据《海南科技职业大学学生管理规定》《海南科技职业大学学籍管理规定》教育厅下发当年的《教育部办公厅关于做好普通高等学校录取新生复查和学籍电子注册工作的通知》教育部关于印发《高等学校学生学籍学历电子注册办法》的通知等精神做好新老学生的学籍注册等工作。

3.4.1.1 老生注册。每年9月老生报到完毕后，教务处依据各学院报到数据、财务处缴费数据分成两类统计，《老生学籍注册统计表》及《老生延缓学籍注册统计表》。教务处依据表格信息分类注册老生学籍。

3.4.1.2 新生注册。每年9月初，新生报到基本完毕后，教务处依据招生办新生报到数据、各学院在校学生信息、财务缴费数据等各部门数据统计新生报到情况，制作《新生学籍注册统计表》，分发各学院新生签字确认，教务处依据表格信息给予新生注册学籍。

3.4.1.3 分班、学号编制。根据各学院全日制高职新生报到总表，依据学校的最新成班要求和所学专业编制班级，并以班级为单位编制学号。

3.4.1.4 新生因参军入伍保留入学资格。教务处学籍科根据《应征入伍普通高等学校录取新生保留入学资格及退役后入学办法（试行）》做好我校新生因参军入伍保留入学资格的工作。对应征入伍保入学资格的学生，下达《海南科技职业大学应征入伍学生保留入学资格通知书》。

3.4.2 学籍查询

教务处学籍科根据教育部关于印发《高等学校学生学籍学历电子注册办法》的通知等精神做好新老学生的学籍查询工作。

3.4.2.1 新生查询。每年10月30日，新生学籍注册后，由学籍科下发《新生学籍网上查询通知》，由各学院学工副院长组织本分院辅导员指导学生登录学信网核对本人学籍信息，有误者及时反馈教务处学籍科。

3.4.2.2 老生查询。每年9月30日，老生学籍注册后，由学籍科下发《老生学籍网上查询通知》，由各学院学工副院长组织本分院辅导员指导学生登录学信网核对本人学籍信息，有误者及时反馈教务处学籍科。

3.4.3 成绩评定与录入

3.4.3.1 任课教师按《海南科技职业大学学籍管理规定》内成绩考核与记载要求，评定所任课程的学生成绩，经教师所在单位审核签字，于考试后三个工作日内将学生成绩录入教务管理系统，由教务处审批。

3.4.3.2 各学院负责收集登记《学生成绩登记表》，教学秘书做好本学期成绩汇总表于放假前交教务处备案（若采用教务系统管理成绩，以系统内表格及数据为准）。

3.4.3.3 如学生对成绩有疑问时，可按照教务处规定核实。

3.4.4 学籍异动

3.4.4.1 学籍异动包括转专业、转学、休学、复学、退学、留级等其他基本数据修改等。各学院负责对全日制学生的学籍异动进行审核，手续齐全报教务处审批。

3.4.4.2 学生提出书面转专业申请，填写《转专业审批表》，办理转专业手续。报各学院辅导员、学工副院长、院长审批。教务处学籍科于汇总本学年度学生转专业信息报送教育厅审批。

3.4.4.3 学生提出书面转学申请，报各学院辅导员、学工副院长审批，各学院辅导员和学工副院长严格按照《海南省教育厅转发教育部关于进一步规范普通高等学校转学工作的通知》《海南科技职业大学学生转专业转学实施细则》要求审核学生转学条件是否符合要求，经同意后报教务处学籍科。学籍科依据材料原件及时上报教育厅办理转学事宜。

3.4.4.4 学生提出书面休学申请，并提供相关的附件证明材料，报各学院辅导员、学工副院长审批，各学院辅导员和学工副院长严格按照《海南科技职业大学学则》要求审核学生休学条件是否符合要求，经同意后报教务处学籍科。学籍科依据材料原件及时上报教育厅办理休学事宜。

3.4.4.5 学生提出书面复学申请，并提供相关的附件证明材料，填写《海南科技职业大学复学申请表》，报财务处审核缴费情况、各学院辅导员、学工副院长审批，经同意后报教务处。教务处复审学生复学申请及相关附件材料,所有相关材料原件按要求上交教务处学籍科备案。学籍科依据材料原件及时上报教育厅办理复学事宜。

3.4.4.6 学生提出退学申请,填写《海南科技职业大学学生办理退学(离校)审批表》,报各学院辅导员、学工副院长、院长审批,各学院依据《海南科技职业大学学则》要求审核学生退学条件,经同意后报教务处学籍科。学籍科依据材料原件整理汇总,形成退学决定呈送校长办公会议审议,审议通过后依据决定及时上报教育厅办理退学事宜。各学院寄送退学决定给每位相关退学学生。

3.4.4.7 各学院依据《海南科技职业大学学则》相关要求,可以给予符合退学要求的学生办理退学。各学院辅导员上交相关退学报告,经各学院学工副院长、院长、学工处长、财务统计、教务负责人签审意见。经以上部门同意后,上交材料至教务处学籍科,学籍科汇总整理各学院退学报告,形成退学决定呈送校长办公会议审议,审议通过后,依据决定及时上报教育厅办理退学事宜。各学院寄送退学决定给每位相关退学学生。

3.4.4.8 学生需修正姓名、身份证号码、性别、名族基本信息,需到教务处学籍科领取《海南科技职业大学学籍信息更改申请表》,并提供相关附件证明材料。报各学院和教务处审批,同意后交教务处学籍科,学籍科依据材料及时上报教育厅办理信息修改。

3.4.4.9 因参军入伍保留入学资格的同学,退役后返校,凭当年录取通知书、身份证、退役证书等证件返校报到,并填写《海南科技职业大学保留入学资格新生返校报到申请表》,到相关部门办理报到手续。

3.4.4.10 学生提出书面留级申请,并填写《海南科技职业大学留级申请表》,报财务处、各学院,学工处、教务处等部门审批,各部门严格按照《海南科技职业大学学生管理规定》要求审核学生留级条件是否符合要求,各部门审核同意后。学籍科依据材料原件及时上报教育厅办理留级事宜。

3.4.4.11 航海类专业学生除按上述要求进行学籍异动管理外,其在入学后需由所在学院上交学生信息表向海事管理机构报备,在学生学籍发生异动时,所在学院需及时向海事管理机构提交申请并提供证明材料变更学生入学报备信息。

3.4.5 电子图像信息采集

学籍科每年9月份与当地新华社取得联系,确认应届毕业生电子图像信息采集时间,下发图像采集通知。组织各学院完成图像采集工作。

3.4.6 毕业证书办理

学籍科依据《教育部办公厅关于规范高等学校学历证书有关事项的通知》、教育部关于印发《高等学校学生学籍学历电子注册办法》的通知、海南科技职业大学毕业资格审查及证书管理和发放暂行管理办法做好毕业生工作,符合毕业条件的学生印制毕业证书,填写《海南科技职业大学毕业证书打印记录表》,各学院负责发放毕业证书,组织学生填写《海南科技职业大学毕业证书签领明细表》,证书发放完毕,将《海南科技职业大学毕业证书签领明细表》交至教务处学籍科。

3.4.7 流程图

3.4.7.1 新生入学。

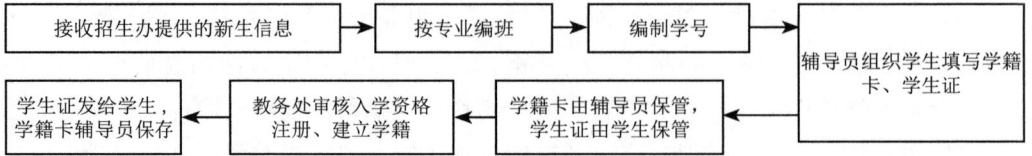

```
接收招生办提供的新生信息 → 按专业编班 → 编制学号 → 辅导员组织学生填写学籍卡、学生证

学生证发给学生，学籍卡辅导员保存 ← 教务处审核入学资格注册、建立学籍 ← 学籍卡由辅导员保管，学生证由学生保管 ←
```

3.4.7.2 退学办理流程。

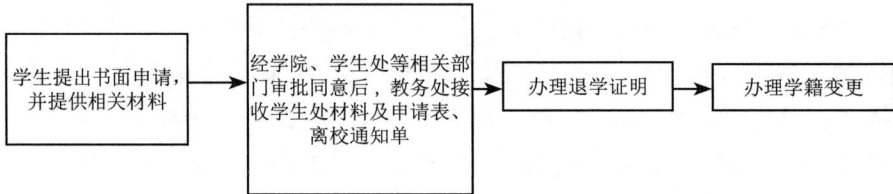

```
学生提出书面申请，并提供相关材料 → 经学院、学生处等相关部门审批同意后，教务处接收学生处材料及申请表、离校通知单 → 办理退学证明 → 办理学籍变更
```

3.4.7.3 休学办理流程。

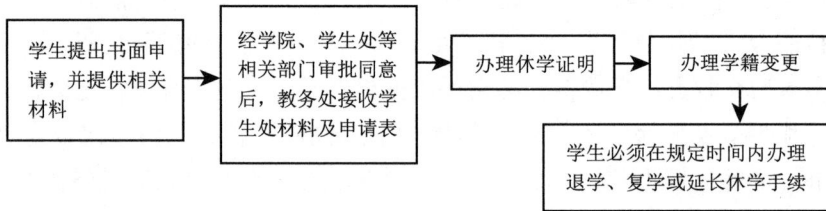

```
学生提出书面申请，并提供相关材料 → 经学院、学生处等相关部门审批同意后，教务处接收学生处材料及申请表 → 办理休学证明 → 办理学籍变更 → 学生必须在规定时间内办理退学、复学或延长休学手续
```

3.4.7.4 复学办理流程。

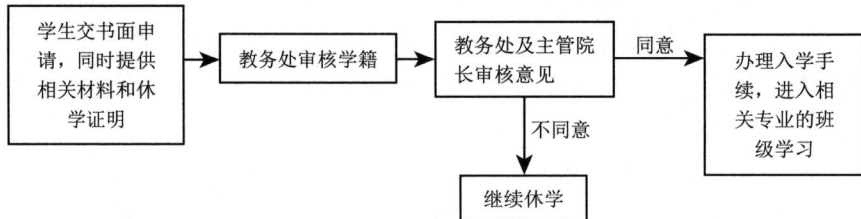

```
学生交书面申请，同时提供相关材料和休学证明 → 教务处审核学籍 → 教务处及主管院长审核意见 ─同意→ 办理入学手续，进入相关专业的班级学习
                                                              │不同意
                                                              ↓
                                                           继续休学
```

3.4.7.5 转专业流程。

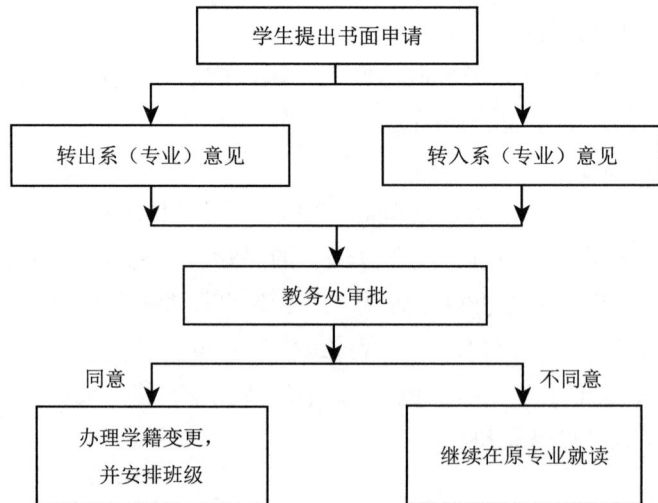

```
                    学生提出书面申请
                   ┌──────┴──────┐
                   ↓             ↓
            转出系（专业）意见   转入系（专业）意见
                   └──────┬──────┘
                          ↓
                      教务处审批
             同意 ┌────────┴────────┐ 不同意
                  ↓                 ↓
        办理学籍变更，          继续在原专业就读
         并安排班级
```

3.4.7.6　转学流程。

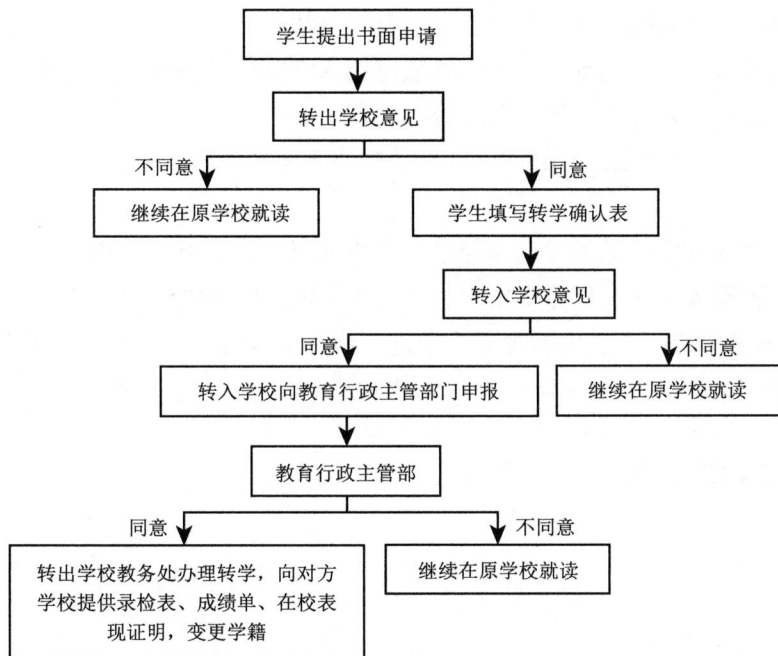

```
                    ┌──────────────────┐
                    │  学生提出书面申请  │
                    └──────────────────┘
                              │
                    ┌──────────────────┐
                    │   转出学校意见    │
                    └──────────────────┘
              不同意                    同意
        ┌──────────────┐        ┌──────────────────┐
        │ 继续在原学校就读│        │  学生填写转学确认表 │
        └──────────────┘        └──────────────────┘
                                          │
                                ┌──────────────────┐
                                │   转入学校意见    │
                                └──────────────────┘
                          同意                      不同意
              ┌──────────────────────────┐   ┌──────────────┐
              │ 转入学校向教育行政主管部门申报 │   │ 继续在原学校就读│
              └──────────────────────────┘   └──────────────┘
                          │
                ┌──────────────────┐
                │  教育行政主管部    │
                └──────────────────┘
            同意                      不同意
  ┌──────────────────────┐   ┌──────────────┐
  │ 转出学校教务处办理转学，  │   │ 继续在原学校就读│
  │ 向对方学校提供录检表、    │   └──────────────┘
  │ 成绩单、在校表现证明，    │
  │ 变更学籍              │
  └──────────────────────┘
```

3.4.7.7　毕业生毕业流程。

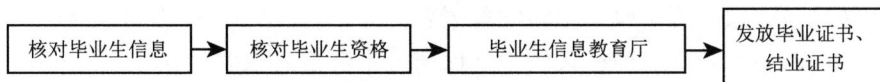

```
┌──────────────┐   ┌──────────────┐   ┌──────────────┐   ┌──────────────┐
│ 核对毕业生信息 │──▶│ 核对毕业生资格 │──▶│ 毕业生信息教育厅│──▶│ 发放毕业证书、│
│              │   │              │   │              │   │ 结业证书      │
└──────────────┘   └──────────────┘   └──────────────┘   └──────────────┘
```

3.4.7.8　考试违纪处分处理流程。

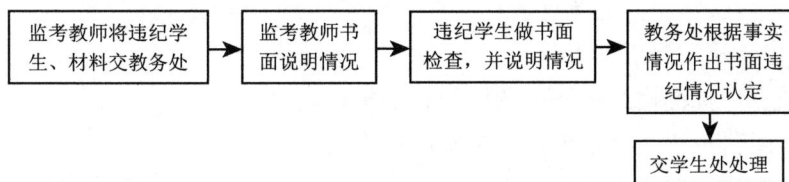

```
┌──────────────┐   ┌──────────────┐   ┌──────────────┐   ┌──────────────┐
│ 监考教师将违纪学│──▶│ 监考教师书     │──▶│ 违纪学生做书面 │──▶│ 教务处根据事实 │
│ 生、材料交教务处│   │ 面说明情况     │   │ 检查，并说明情况│   │ 情况作出书面违 │
│              │   │              │   │              │   │ 纪情况认定     │
└──────────────┘   └──────────────┘   └──────────────┘   └──────────────┘
                                                                  │
                                                          ┌──────────────┐
                                                          │ 交学生处处理   │
                                                          └──────────────┘
```

3.4.7.9　成绩管理流程。

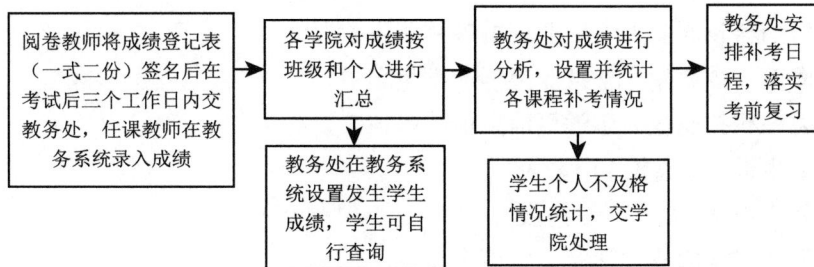

```
┌──────────────┐   ┌──────────────┐   ┌──────────────┐   ┌──────────────┐
│ 阅卷教师将成绩登│   │ 各学院对成绩按 │   │ 教务处对成绩进行│   │ 教务处安排补考 │
│ 记表（一式二份）│──▶│ 班级和个人进行 │──▶│ 分析，设置并统计│──▶│ 日程，落实考前 │
│ 签名后在考试后三│   │ 汇总          │   │ 各课程补考情况 │   │ 复习          │
│ 个工作日内交教务│   └──────────────┘   └──────────────┘   └──────────────┘
│ 处，任课教师在教│         │                  │
│ 务系统录入成绩 │   ┌──────────────┐   ┌──────────────┐
└──────────────┘   │ 教务处在教务系 │   │ 学生个人不及格 │
                    │ 统设置发生学生 │   │ 情况统计，交学 │
                    │ 成绩，学生可自 │   │ 院处理         │
                    │ 行查询        │   └──────────────┘
                    └──────────────┘
```

3.5　支持性文件

3.5.1　《海南科技职业大学学籍管理规定》。

3.5.2　《海南科技职业大学毕业资格审查及证书管理和发放》。

3.5.3 《海南科技职业大学学生转专业转学细则》。

3.5.4 《海南省民办高校学生退（转）学退费办法》。

3.5.5 《应征入伍普通高等学校录取新生保留入学资格及退役后入学办法（试行）》。

3.5.6 《普通高等教育学历证书管理暂行规定》。

3.5.7 《教育部办公厅关于做好 2014 年普通高等学校录取新生复查和学籍电子注册工作的通知》。

3.5.8 《教育部办公厅关于规范高等学校学历证书有关事项的通知》。

3.5.9 《教育部关于印发高等学校学生学籍学历电子注册办法的通知》。

3.5.10 《海南省教育厅转发教育部关于进一步规范普通高等学校转学工作的通知》。

3.5.11 《海南科技职业大学学生管理规则》。

3.6 质量记录

3.6.1 学生名册。

3.6.2 学生学籍电子注册信息异动汇总表。

3.6.3 转专业审批表。

3.6.4 海南科技职业大学休学（离校）审批表。

3.6.5 海南省普通高等学校学生转学备案表。

3.6.6 海南科技职业大学应征入伍学生保留入学资格通知书。

3.6.7 老生学籍注册统计表。

3.6.8 老生延缓学籍注册统计表。

3.6.9 新生学籍注册统计表。

3.6.10 数据库标准格式毕业生图像信息采集登记表。

3.6.11 海南科技职业大学毕业生基本信息确认表。

3.6.12 海南科技职业大学毕业证书打印记录表。

3.6.13 毕业生名单。

3.6.14 海南科技职业大学毕业证书签领明细表。

3.6.15 海南科技职业大学结业换毕业学生名单。

3.6.16 海南科技职业大学学籍信息更改申请表。

3.6.17 老生退学（离校）申请表。

3.6.18 新生退学（离校）申请表。

3.6.19 海南科技职业大学复学申请表。

3.6.20 海南科技职业大学保留入学资格新生返校报到申请表。

3.6.21 海南科技职业大学留级申请表。

4 学生档案管理程序

4.1 目的

记录学生在校学习、实习与思想的成长历程，为用人单位选拔人才提供可靠依据。

4.2 适用范围

学校本科、专科全日制学生档案管理。

4.3 职责

4.3.1 招生办和学工处负责收集由各省份招办或教育厅邮寄到学校的新生档案，分类汇总后统归学工处。

4.3.2 学工处将分类汇总后的学生档案交至各学院。

4.3.3 学院负责完善学生档案，补充新生档案大学期间的所需材料。

4.3.4 档案馆负责学生档案的归档、核验、反馈、邮寄。

4.4 工作程序

4.4.1 档案接收、登记、建档

4.4.1.1 招生办和学工处负责收集由各省份招办或教育厅邮寄到学校的新生档案，分类汇总后统归学工处。

4.4.1.2 学工处将分类汇总后的学生档案交至各学院。

4.4.1.3 新生入校两个月内，由各学院按班级指定的辅导员对新生高中原始档案缺漏核查并按姓名、学号依次排列，做好电子版、纸质版统一上交学校档案馆，办理新生高中原始档案备案手续。

4.4.1.4 学校档案馆按照专业、班级归档，以电子版、纸质版和实物档案进行盘点校对接收学生档案，归档后的学生档案袋注明学生姓名、专业、班级、学号。

4.4.2 收集归档

4.4.2.1 各学院负责建设大学生档案，辅导员收集汇总大学生在校期间学生档案所需材料，如学生录取通知书复印件、身份证复印件、学籍表、军训合格证复印件、学生成绩单、奖惩材料、毕业生登记表等材料。

4.4.2.2 学籍表、毕业生登记表由学工处统一印制，各学院在学生离校实习前领取并发放学生。各学院指导班级学生填写学籍表、毕业生登记表，再统一收集交至档案馆。

4.4.3 档案转递

4.4.3.1 档案馆根据就业办移交的报到证与海事学院辅导员上交的电子版、纸质版、毕业生名单、邮寄地址、联系方式、收件人、档案是否符合条件进行逐一复核，复核无误后进行邮寄，档案馆保存《毕业生档案邮寄详情表》；

4.4.3.2 不符合条件或因各种原因退档的学生档案由学校档案馆统一保存（保管期限：学生毕业后 2 年内），以便学生查找、办理转档邮寄手续。

4.4.4 借阅、交接

4.4.4.1 查阅学生档案应经所在学院的辅导员、学工副院长签字、盖章，方可查阅，学生不能自行查阅档案。

4.4.4.2 档案管理人员工作调动时，要办好交接手续。根据档案情况逐一清点无误后，方可移交。

4.4.4.3 学生档案不可提供复印，只针对学校教职工提供学校存档的相关文件复印。

4.4.5 学籍异动

学生档案随学生的学籍变更而移动，根据学籍异动审批表办理档案移动。

4.4.6 档案保密和"四防"工作

4.4.6.1 档案保密按《海南科技职业大学档案管理规定》办理。

4.4.6.2 搞好档案四防工作，即：防盗、防火、防蛀、防潮。

4.4.7 流程图

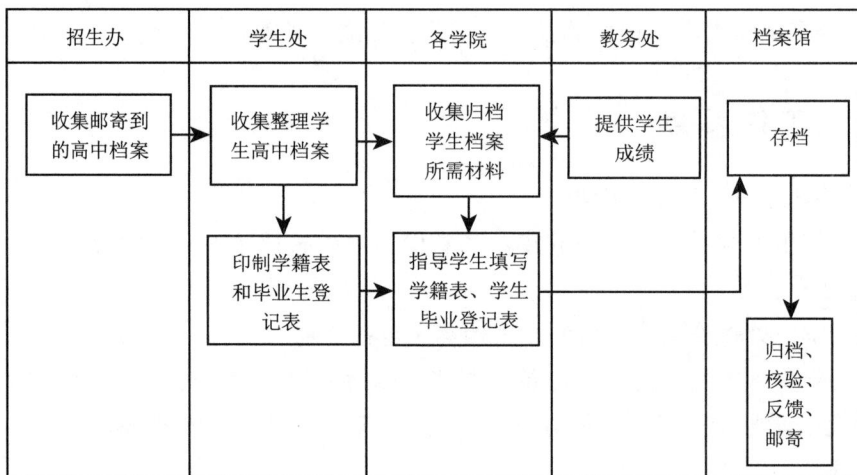

4.5 支持性文件

4.5.1 《海南科技职业大学档案管理规定》。

4.5.2 《海南科技职业大学学生档案管理办法（试行）》。

4.5.3 《档案安全保卫制度》。

4.5.4 《档案库房管理制度》。

4.5.5 《档案鉴定销毁制度》。

4.5.6 《档案保密制度》。

4.5.7 《档案接受移交制度》。

4.5.8 《高等学校档案管理办法》。

4.5.9 《高等学校档案工作规范》。

4.5.10 《高等学校档案实体分类法》。

4.6　质量记录

4.6.1 复印登记表。

4.6.2 借阅登记表。

4.6.3 归档文件目录。

4.6.4 获奖明细表。

4.6.5 ××级××学院××班级高中档案明细表。

4.6.6 ××级××学院××班级毕业生档案邮寄详情表。

5 就业指导管理程序

5.1 目的

规范毕业生就业指导与推荐服务工作，促进毕业生充分就业，提高毕业生就业质量。

5.2 适用范围

学校本科、专科全日制学生就业指导工作。

5.3 职责

5.3.1 就业办负责毕业生的就业计划、编制毕业生就业方案和指导各学院开展毕业生就业指导工作。

5.3.2 学院组织实施本学院毕业生的就业指导工作，做好就业工作人员的培训工作，接受毕业生的就业咨询。

5.3.3 学院负责《就业指导》和《职业生涯规划》等课程的授课。

5.3.4 学院负责制订顶岗实习计划，报教务处备案。

5.4 工作程序

5.4.1 信息的收集

就业办、学院共同负责收集用人单位的需求计划信息。

5.4.2 就业信息发布

5.4.2.1 就业办负责对收集到的企业需求信息进行审核，并通过就业信息网、海科就业工作群、海科学务工作群平台发布招聘信息。

5.4.2.2 学院对自行收集的企业需求信息及时提交就业办，经审核后向毕业生发布。

5.4.3 组织与实施

5.4.3.1 就业办负责召集用人单位参加校级供需洽谈会并提供相关服务工作；各学院协助就业办举办校级洽谈会，并负责组织院级专场招聘会。

5.4.3.2 学院做好毕业生推荐工作，组织毕业生参加校级供需洽谈会和院级专场招聘会。

5.4.3.3 学院组织学生与用人单位签订就业协议书。

5.4.3.4　学院负责统计毕业生签约录用情况。

5.4.3.5　学院负责发放毕业生离校清单，协助办理相关离校审批手续。

5.4.3.6　就业办、各学院组织拟录取学生到用人单位报到实习。

5.4.3.7　毕业生正式到用人单位工作后，就业办、各学院负责与用人单位办理毕业生材料交接手续。

5.4.3.8　就业办按时、按质、按量完成毕业生的就业派遣，配合各学院做好毕业生文明离校工作。

5.4.3.9　就业办处理好毕业生派遣的遗留问题。

5.5　就业质量跟踪与反馈

5.5.1　学院、就业办共同负责对用人单位进行跟踪调查。

5.5.1.1　学院负责向用人单位发放、回收毕业生跟踪调查表，收集并汇总用人单位对学校、各学院就业指导服务工作的意见和建议。

5.5.1.2　调查表回收率超过60%为有效，回收率达不到要求按缺额数进行电话或网络访问，并收集信息。

5.5.2　学院负责将汇总的用人单位意见及时反馈到就业办和教务处。

5.5.3　就业办根据各学院报送的反馈意见，形成年度就业工作分析报告。

5.6　就业指导改进与提高

5.6.1　就业办根据收集到的各类信息和各学院反馈的意见，及时调整就业指导工作，满足毕业生就业工作不断发展的需求。

5.6.2　对毕业生就业情况跟踪调查，适时调整和拓宽毕业生的就业渠道。

5.6.3　教务处要及时根据反馈信息调整人才培养方案，达到提高毕业生综合竞争力的教学目标。

5.7　顶岗实习

5.7.1　顶岗实习应至少设一名校内实习指导教师和一名校外实习指导教师，负责学生实习期间的学习、生活、安全教育和思想教育。

5.7.2　实习结束后，各学院负责收集学生实习鉴定，根据校内、外实习指导教师的鉴定意见和评分，综合评定学生实习成绩，报学校教务处。

5.7.3　流程图。

就业办	各学院	用人单位	教务处
收集	收集	发布用人信息	
审核发布	填写《就业需求信息统计表》		
填写《毕业生就业需求信息统计表》	组织院级专场招聘会		
组织校级招聘会	推荐学生到用人单位	学生与用人单位签订协议书	
	填写《毕业生录用名单统计表》		
	组织学生到用人单位人单位报到	就业办、各学院与用人单位办理交接材料	
用人单位意见			用人单位意见
就业办形成工作报告			教务处调整人才培养方案
调整就业指导			

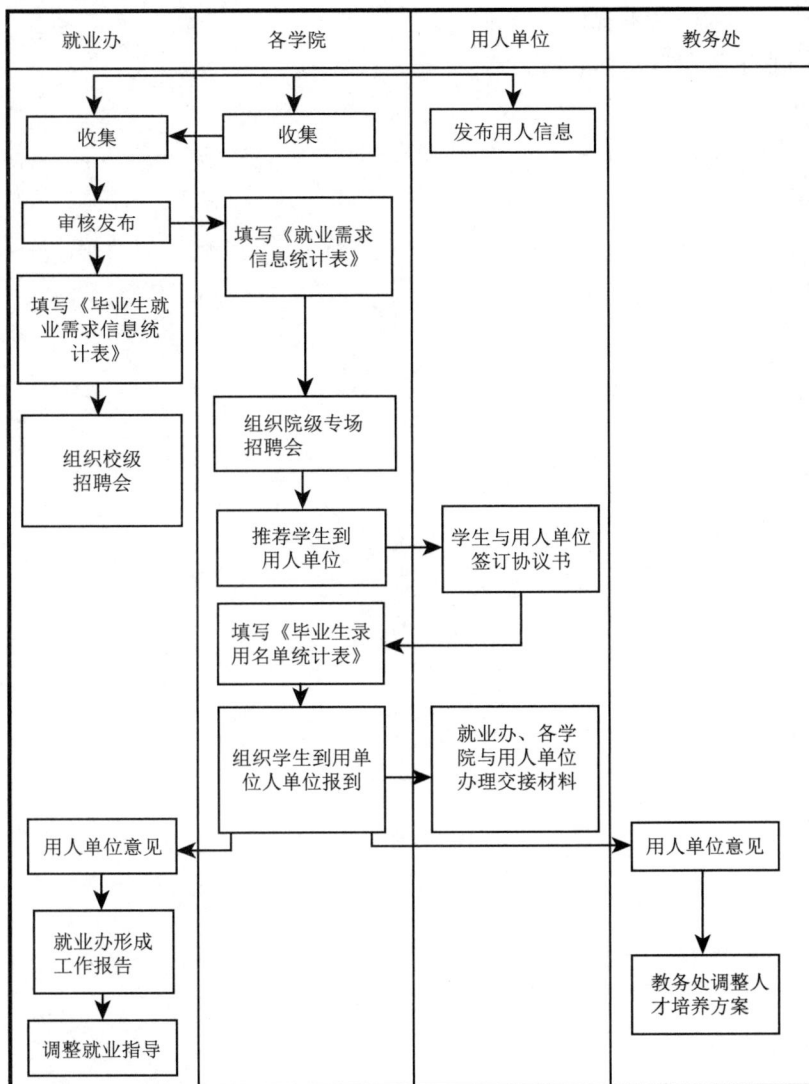

5.8　支持性文件

5.8.1　《普通高等学校毕业生就业工作暂行规定》。

5.8.2　《海南科技职业大学毕业资格审查及证书管理和发放暂行办法》。

5.9　质量记录

5.9.1　毕业生就业分配方案。

5.9.2　全国普通高等学校毕业生就业协议书。

5.9.3　毕业生离校手续单。

5.9.4　毕业生就业信息调查表。

5.9.5　毕业生电话回访登记表。

5.9.6　毕业生录用名单统计表。

5.9.7　毕业生就业需求信息统计表。

6 学生日常管理程序

6.1 目的

为严谨校风班风,加强学生的自我教育和自我管理,做好学生思想教育,引导学生行为,提高学生素质,促进学生德、智、体、美全面发展。

6.2 适用范围

学校全日制本科、专科学生

6.3 职责

6.3.1 分管副校长负责学生工作的监督管理。

6.3.2 学工处负责制定、落实学生工作计划和管理规章制度。

6.3.3 学工处负责指导各学院做好学生日常管理工作,如学生评优、学生资助、学生心理咨询、学生处分、学生班会教育等工作。

6.3.4 学院负责组织优秀学生干部评比、做好学生奖助贷补、了解心理问题学生情况、开展学生班会教育、做好学生违反校规处分。

6.3.5 学院负责走访学生宿舍、学生日常考勤与培训完成记录归档。

6.3.6 后勤处负责学生宿舍分配工作,监督物业做好学生宿舍管理工作。

6.4 学生日常管理工作程序

6.4.1 学生资助

6.4.1.1 9月初,学工处收集各学院学生助学贷款回执单原件,并录入助学贷款系统。

6.4.1.2 根据省资助中心 10 月下发文件的指示和《海南科技职业大学国家奖学金评审管理办法》《海南科技职业大学国家励志奖学金评审管理办法》《海南科技职业大学国家助学金评审管理办法》文件要求,指导各学院开展各类奖助学金的初次评审工作。学生资助中心对学院上交的奖助学金的材料进行终审,并将结果向全校公示后,将收集好的汇总材料上报省资助中心。

6.4.1.3 每年开学 9~10 月期间,学校资助中心对征兵入伍学费补偿材料进行审核并归档,于 11 月上旬将材料上报到省资助中心。

6.4.2 学生心理健康

6.4.2.1 心理健康咨询中心老师 (HNKJ/C1/06-5 心理健康咨询中心主任)针对心理有

负担的学生及时采取措施，进行面对面心理咨询与辅导，如初步判断有重度抑郁症或精神疾病，需第一时间与该生所在学院联系了解情况，并根据情况酌情汇报领导。

6.4.2.2　新生心理测评。每学年10—11月新生正式上课后，根据《教育部普通高等学校学生心理健康教育专家指导委员会关于开展"中国大学生心理健康测评系统"试点测评的通知》开展一年一次全校大一新生心理健康调查工作，由各学院辅导员指导学生填写学生信息录入模板，有误者及时反馈心理健康咨询中心，并由心理健康咨询中心教师录入测评系统。根据测评结果，针对一级、二级心理问题学生名单，并结合每个学生的不同情况，积极开展跟踪、关注、辅导工作，帮助他们摆脱成长中的烦恼和困扰，努力适应新环境，科学合理地规划大学生活。

6.4.2.3　新老生心理健康系列宣传。每年5月25日大学生心理健康节开展心理健康知识讲座，普及心理健康知识，利用横幅形式宣传心理健康标语，可发放心理健康宣传手册，在各学院粘贴心愿墙，开展心理有关电影赏析。

6.4.3　学生奖惩

6.4.3.1　每学年第二学期开展优秀学生干部评选工作，各学院组织学生进行参评，参评学生提交申报材料，各学院进行推优报送至学工处，经学工处评审小组审核通过进行公示，公示无异议后进行表彰。

6.4.3.2　学生处分

学工处督促各学院配合保卫处，对各学院学生违反校规事件进行调查核实，根据《海南科技职业大学学生纪律处分实施细则》《海南科技职业大学学生申诉处理实施办法》做好处分通知，报送保卫处与学工处。

6.4.4　学生班会

根据教育厅及我校发布的文件通知要求，指导各学院开展学生思想教育班会，根据不同主题内容开展贴近学生的生活实际的班会，如新生入学班会教育等，做好学生宣传教育工作，提高学生自我意识，严谨校风班风。

6.4.5　学生证与火车优惠卡

学工处9月汇总各学院申请购买学生证和火车优惠卡的数据与费用，集中购买学生证与火车优惠卡，并发放至各学院。各学院分配至各班级后，由学生个人自行填写学生信息，并粘贴火车优惠卡于学生证指定页面。各学院汇总已填写学生信息的学生证，按学院统一交至学工处进行学生证注册盖章与录入火车优惠卡学生信息。

6.4.6　学生日常考勤

9月初学生报到，招生办将学生信息录入普通高等院校智能一体化系统，各学院导出并使用学生名册，做好班级学生日常考勤、走访学生宿舍等，并做好记录并归档。

6.4.7　宿舍管理

6.4.7.1　新生报道前由宿管科根据学校录取人数分配床位给各学院，由各学院自行调配，安排学生入住。宿管科根据各学院实际安排统计学生住宿情况，并填写《海南科技职业大学学生住宿统计表》。

6.4.7.2　宿管科根据《海南科技职业大学学生宿舍管理规则》监督物业宿管员做好学

生宿舍管理工作。外来人员来访学生宿舍时由宿管员进行例行询问来访目的并记录《外来人员来访登记表》，对于每天晚归（晚上 22:00 后）的学生，由宿管员进行询问并记录《学生宿舍进出晚归登记表》。

6.4.7.3　宿管员不定时的对所管辖的宿舍楼栋进行巡查工作，巡查内容主要有宿舍公共区域卫生、宿舍漏水、公共区域设施是否损坏等并记录《监督工作抽查记录日程》。

6.4.7.4　宿管管理员每天不定时地对各楼栋宿舍进行巡查，监督宿舍管理员是否正常在岗履行职责或对疑难工作提出合理的解决方案并填写《宿管管理员进出登记表》。

6.4.8　流程图

6.4.8.1　学生证办理流程图。

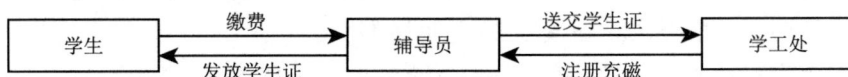

6.4.8.2　高校助学贷款流程图。

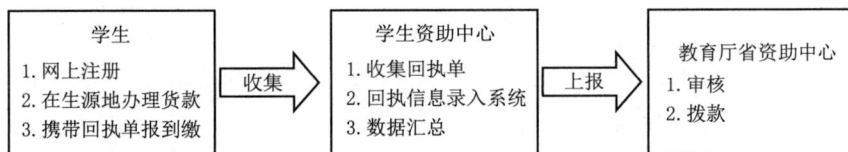

6.4.8.3　国家奖助学金流程图。

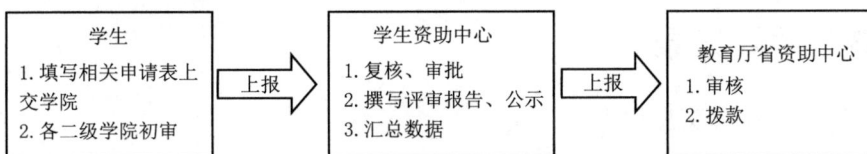

6.4.8.4　高校毕业生服义务兵役学费补偿助学贷款代偿流程图。

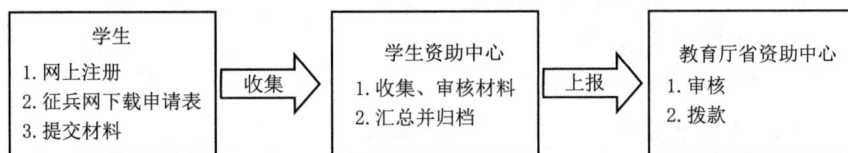

6.4.8.5　学生宿舍管理流程图。

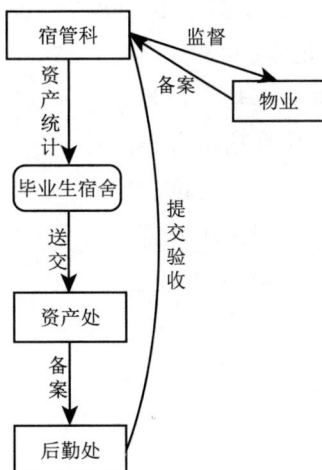

6.5　支持性文件

6.5.1　《海南科技职业大学学生管理规定》。

6.5.2　《海南科技职业大学国家奖学金评审管理办法》。

6.5.3　《海南科技职业大学学生纪律处分实施细则》。

6.5.4　《海南科技职业大学学生申诉处理实施办法》。

6.5.5　《海南科技职业大学学生宿舍管理规则》。

6.5.6　《海南科技职业大学心理健康教育与咨询中心工作细则》。

6.5.7　《海南科技职业大学学生考勤暨请假办法》。

6.5.8　《海南科技职业大学在校生 28 项承诺书》。

6.5.9　《海南科技职业大学国家励志奖学金评审管理办法》。

6.5.10　《海南科技职业大学国家助学金评审管理办法》。

6.5.11　《普通高等学校学生管理规定》。

6.5.12　《中共中央国务院关于进一步加强和改进大学生思想政治教育的意见》。

6.5.13　《普通高等学校辅导员队伍建设规定》。

6.5.14　《高等学校学生行为准则》。

6.6　质量记录

6.6.1　学生档案移交登记表。

6.6.2　国家励志奖学金学生名单备案表。

6.6.3　国家助学金学生名单备案表。

6.6.4　学生请销假记录表。

6.6.5　"优秀学生干部"申请表。

6.6.6　学生心理健康教育知识讲座（记录表）。

6.6.7　国家奖学金获奖学生初审名单表。

6.6.8　海南省优秀贫困大学生奖学金学生名单备案表。

6.6.9　辅导员检查宿舍情况记录表。

6.6.10　海南科技职业大学学生违规统计表。

6.6.11　海南科技职业大学学生住宿统计表。

6.6.12　关于给予 ×× 同学 ×× 处分的决定。

6.6.13　残障学生情况登记及应对措施登记表。

6.6.14　海南科技职业大学主题班会记录表。

6.6.15　外来人员来访登记表。

6.6.16　学生宿舍进出晚归登记表。

6.6.17　监督工作抽查记录日程。

6.6.18　宿管管理员进出登记表。

7 教学与管理人员培训程序

7.1 目的

7.1.1 确保教职工按照要求得到相应的教育、培训，取得与所授课程、所从事工作相关的专业理论知识、技能技巧、专业工作经历和相应的船上任职资历。

7.1.2 确保教职工具有履行其职责的水平和能力。

7.2 适用范围

全校所有教学与管理人员。

7.3 职责

7.3.1 人事处负责教职工培训计划的制订与实施。

7.3.2 人事处负责组织对各类教职工培训与管理工作。

7.3.3 最高管理者（校长）审批培训申请。

7.4 工作程序

7.4.1 培训内容与要求

7.4.1.1 教职工应满足《高等教育法》中关于教师、职工的任职资格和学历要求，不符合者应接受有关培训、进修。航海类教员满足《中华人民共和国船员培训管理规则》中的任职资格要求，不符合者应接受有关培训、进修。

7.4.1.2 教职工培训计划与培训内容的制订与确定要结合本专业和本职工作的特点，使教职工了解和掌握有关专业技术方面的新理论、新技术、新方法、新信息以及船员教育与培训质量体系基本内容和要求。

7.4.1.3 教职工的培训要坚持"在职培训与脱产培训相结合，以在职培训为主"的原则，根据教职工的不同类型采取不同的培训方式。

7.4.1.4 新聘或外聘人员及调至新岗位的人员，在就职或上岗前，熟悉岗位职责和要求。

7.4.2 培训计划的制订、审批和实施

7.4.2.1 教职工的培训计划由人事处制订。

7.4.2.2 教职工参加培训的实施程序：本人申请或者组织人事统一培训—所在部门同意—人事处审核—最高管理者（校长）审批—参加培训—培训记录保存归档。

7.4.3 教职工培训

7.4.3.1 新入职教职员工培训：以教学科研基本知识、基本技能的教育和实践为主。主要培训方式为：参加岗前培训、教学实践、在职学习及其他各类培训班。新入职教职员工要填写《新入职（转岗）员工培训学习记录表》。

7.4.3.2 在校教职工以增加、扩充基本技能技巧、专业及其基础理论知识为主，主要培训方式有：参加骨干教师进修班、暑期挂职锻炼（挂职锻炼需要填写《挂职锻炼申请表》，还需开具由挂职单位本人所在单位的签章，完成《挂职锻炼鉴定表》）、短期研讨班、单科培训、国内外进修访问、学历学位提升、参加各种研讨班、参加国内外有关学术会议、交流讲学等。

7.4.3.3 航海类专业教师：航海类专业的专业教师除参加上述培训外还必须有一定的海上资历。每年暑期挂职锻炼，以后再根据需要，通过培训，换取高一级适任证书。持船员适任证书的教师，其适任证书的再有效培训根据海事主管机关的要求完成培训，师资培训参照《中华人民共和国船员培训管理规则》中的相关规定执行。由海事学院按照《船员培训和船员管理质量管理规则》第九条对师资要求的规定组织教师进行培训。由教师自愿申请，海事学院报批，人事处审核，分管副校长终审，并完成《船员师资培训申请表》。

7.4.3.4 每学期受控部门负责人或质量管理员组织一到两次本部门人员学习质量管理体系文件，对新入职和新转岗的教职员工也要进行体系培训，并形成《质量体系培训学习记录表》。

7.4.4 教职工培训的管理

7.4.4.1 脱产培训。外出参加脱产培训达半年以上的教职工，必须与学校签订《教职工培养协议书》，享有协议中规定的权利和承担相应的义务，教职工经过培训后，有义务更好地为学校服务。未满服务期而要求调离学校者，应补偿学校有关培训费用。

7.4.4.2 在职培训。由学校组织的外出参加或个人申请的外出培训，培训期间实行网络办公。培训期间履行请假手续，培训结束回岗工作。

7.5 支持性文件

7.5.1 《中华人民共和国高等教育法》。

7.5.2 《中华人民共和国教师法》。

7.5.3 《高等学校教师培训工作规程》。

7.5.4 《中华人民共和国船员培训管理规则》。

7.5.5 《海南科技职业大学教师培训暂行办法》。

7.6 质量记录

7.6.1 教职工培养协议书。

7.6.2 新入职（转岗）员工培训学习记录表。

7.6.3　挂职锻炼申请表。

7.6.4　挂职锻炼鉴定表。

7.6.5　质量体系培训学习记录表。

7.6.6　船员师资培训申请表。

8   教学与管理人员聘任与考核程序

8.1   目的

规范聘任与考核的过程，做好定岗、定编、定人与有编设岗，准确核算工资福利，确保岗位聘任的员工符合相应的适任条件和要求。

8.2   适用范围

全校所有教学与管理人员的聘任。

8.3   职责

8.3.1   人事处拟定各岗位的上岗条件。

8.3.2   人事处负责确认各岗位的设定、聘任程序和办法。

8.3.3   所需招聘部门协助人事处进行公开招聘及面试。

8.3.4   人事处负责考核计划的拟订、组织、汇总与上报。

8.4   工作程序

8.4.1   入职程序

8.4.1.1   根据全校定岗定编，人事处公布缺岗岗位和聘任条件；从事航海教育的教学与管理人员必须满足《中华人民共和国船员教育和培训质量管理规则》第六条要求，海事学院协助人事处根据《海南科技职业大学教师聘任工作条例》招聘对应岗位人员并办理入职手续。

8.4.1.2   新入职专、兼职员工分别填写《海南科技职业大学聘用人员入职审批表》。

8.4.1.3   师资科审核新入职员工提交的学历、职称、技能证书、身份证等原始材料。

8.4.1.4   与新入职员工签订劳动用工合同，一式四份。

8.4.1.5   新入职人员劳动用工合同报最高管理者（校长）签字并盖章。

8.4.1.6   新入职劳动用工合同存档（档案馆一套、新员工本人签收一套、人事处两套）。

8.4.1.7   新入职员工建立个人档案袋。

8.4.1.8   新入职员工办理指纹录入工作。

8.4.1.9   协助新入职员工办理工作证、部门报到等其他事宜。

8.4.1.10   人事处按照《船员培训和船员管理质量管理规则》引进符合条件的教学人

员，海事学院教师的课程教学安排由海事学院提出开课计划，教务处对任课教师按照《船员培训和船员管理质量管理规则》的要求进行审核。

8.4.2 转岗程序

8.4.2.1 根据全校定岗定编，人事处通知教职工根据个人工作情况及个人发展或学校根据工作需要进行人员调岗。

8.4.2.2 教职工填写《海南科技职业大学教职工职务（岗位）变动审批表》。

8.4.2.3 转出和转入部门领导签字。

8.4.2.4 调整调岗教职工档案。

8.4.2.5 部门报到。

8.4.3 离职程序

8.4.3.1 根据教职工手册规定本校教职工经批准辞职、调离、解聘的，即为离职，由人事处通知离职人员填写《离职人员办理手续和移交清单审批表》。

8.4.3.2 审核离职人员《离职人员办理手续和移交清单审批表》各部门领导签字情况。

8.4.3.3 离职手续办完，结算离职工资。

8.4.3.4 调整调岗教职工档案。

8.4.3.5 调整学校定岗定编。

8.4.4 考核程序

8.4.4.1 以部门为单位，每位教职工填写个人述职，年度考核评分表，各教职工对考核表的岗位职责内容先进行自我评价自评打分，再由部门考核打分，部门按照10%的比例评选出"优秀"教职工，后交考核小组统一考核通过。

8.4.4.2 由人事处对材料进行初审，包括：本年度是否有投诉、是否有教学事故、是否有违纪等。

8.4.4.3 由考核小组对推荐的"优秀"进行现场审核，包括作证材料、个人述职等等，申诉小组进行现场监督。

8.4.4.4 选拔出"优秀"的人员，由人事处进行公示，公示无异议发放证书。

8.4.5 请假程序

8.4.5.1 教职工在OA系统中新建工作流，添加请假办理手续，填写请假时间及事由，转交下一步。

8.4.5.2 教职工请假时间1天内，部门领导批示后转下一步（人事处）；请假时间2~3天，部门领导批示后转分管副校长审批后转下一步（人事处）；请假时间3天以上需要转校长审批后转下一步（人事处）。

8.4.5.3 如是根据国家政策请婚产假等，教职工需要在上传附件处提交相关的证件扫描件。

8.4.5.4 请假结束的教职工需到人事处进行销假后正常打卡上班。

8.4.6 流程图

8.4.6.1 教职工入职程序流程图。

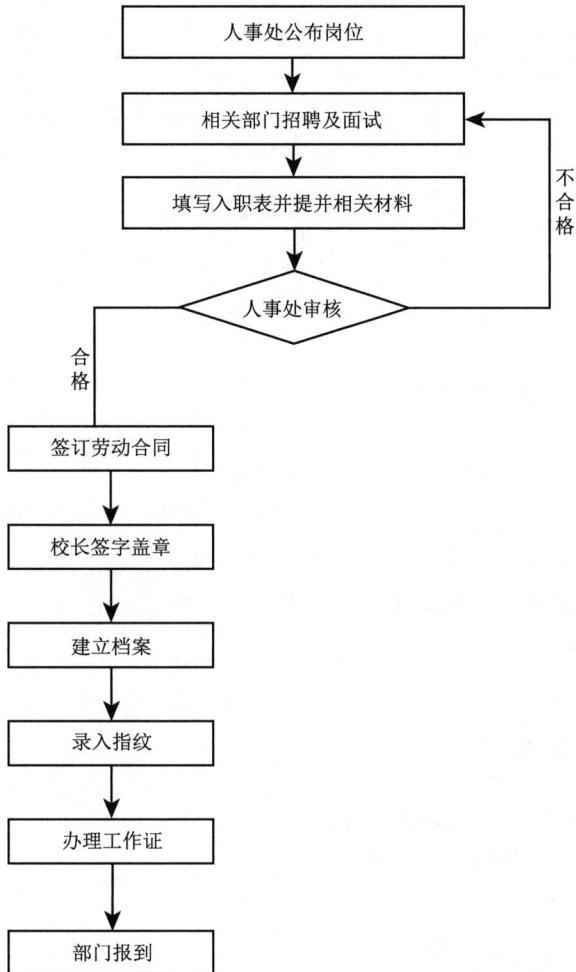

人事处公布岗位

↓

相关部门招聘及面试 ←

↓

填写入职表并提并相关材料

↓

人事处审核 —不合格→（返回相关部门招聘及面试）

合格↓

签订劳动合同

↓

校长签字盖章

↓

建立档案

↓

录入指纹

↓

办理工作证

↓

部门报到

8.4.6.2 教职工转岗程序流程图。

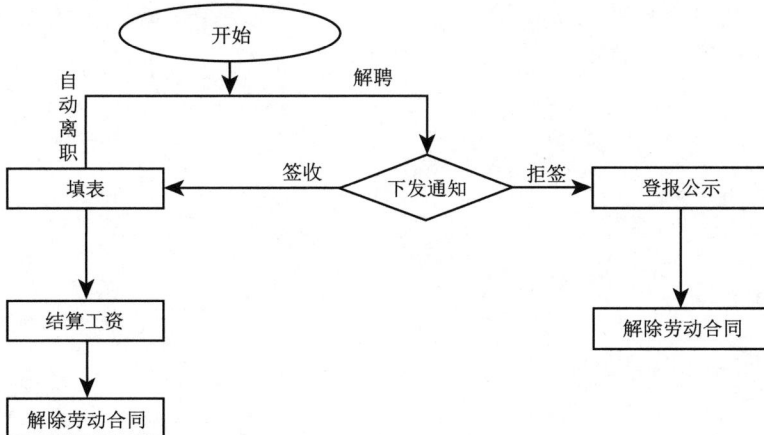

开始

自动离职 → 填表

解聘 → 下发通知

下发通知 —签收→ 填表

下发通知 —拒签→ 登报公示

填表 → 结算工资 → 解除劳动合同

登报公示 → 解除劳动合同

8.4.6.3 教职工离职程序流程图。

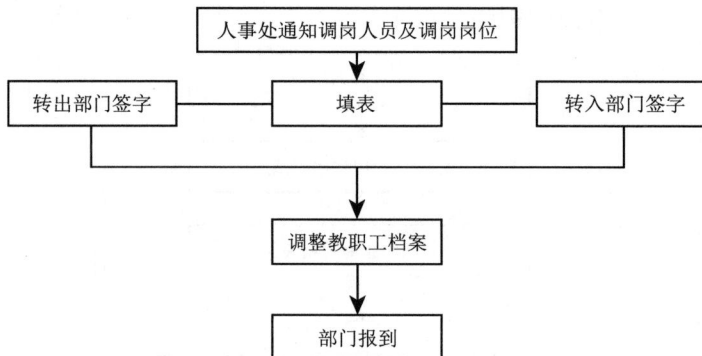

```
        ┌─────────────────────────┐
        │  人事处通知调岗人员及调岗岗位  │
        └─────────────────────────┘
                     │
                     ▼
┌──────────┐   ┌──────────┐   ┌──────────┐
│ 转出部门签字 │──│   填表   │──│ 转入部门签字 │
└──────────┘   └──────────┘   └──────────┘
     │                              │
     └──────────────┬───────────────┘
                    ▼
            ┌──────────────┐
            │  调整教职工档案  │
            └──────────────┘
                    │
                    ▼
            ┌──────────────┐
            │    部门报到    │
            └──────────────┘
```

8.5 支持性文件

8.5.1 《海南科技职业大学教师聘任工作条例》。

8.5.2 《海南科技职业大学实践教学指导教师岗位设置与管理办法（试行）》。

8.5.3 《海南科技职业大学外聘教师管理办法（试行）》。

8.5.4 《海南科技职业大学教职工年度考核办法》。

8.5.5 《教职工手册》。

8.6 质量记录

8.6.1 教职工职务（岗位）变动审批表。

8.6.2 离职人员办理手续和移交清单审批表。

8.6.3 个人述职报告。

8.6.4 行政人员年度考核评分表。

8.6.5 聘用人员入职审批表（兼职教师）。

8.6.6 聘用人员入职审批表。

8.6.7 教职工请假调课审批表。

9 场地、设施、设备管理程序

9.1 目的

规范教学实训场地、设施、设备流通的过程，确保场地、设施、设备符合使用要求，满足实训教学的需要。

9.2 适用范围

适用于教学设施、教学科研设备、教辅设备和实训场地的管理和控制。

9.3 职责

9.3.1 分管校领导负责全校教学设施、设备及实训场地的监督管理。

9.3.2 资产处负责全校固定资产的清查盘点、登记造册，教学实训设备的维修管理，对教务处和各学院上报的购置计划进行比价，经校领导审核通过后进行采购。

9.3.3 后勤处负责教学实训场地、设施的维修管理。

9.3.4 各学院负责教学实训场地、设施、设备的建设和维修的申报和验收，以及实训材料的计划申报、验收、使用和管理。

9.4 工作程序

9.4.1 设施设备的管理

包括：计划管理、采购管理、验收管理、使用管理和处置管理。

9.4.2 计划管理

9.4.2.1 各学院应根据学校发展的总体规划、专业设置、学科建设和教学科研需要，结合现有设备存量和使用情况，分别轻重缓急，制订实训室建设规划和学年资产采购计划。

9.4.2.2 计划制订要坚持集体讨论，专人负责的原则。做到科学、合理制定资产的成组配套计划，满足教学需求。资产购置计划，要体现先进性、适用性、经济性。要保证落实设备安装场地，落实设备操作人员。

9.4.2.3 设备配置应当符合规定的配置标准，合理配置。

9.4.2.4 各学院应在每年6月和12月前，分别提出下学年补充、更新设备计划及预算，经单位分管领导审查后，报教务处实训科科长、教务处长审核，报分管教学副校长审批。

9.4.2.5 教学设施设备购置计划，由各学院提出，经主管部门牵头组织审核论证，报相应分管校领导审核后，报最高管理者（校长）审批。

9.4.2.6 设备购置预算一经批复，各学院原则上不得自行更改、调整。项目执行过程中，确因工作需要更改计划项目，须按规定的程序报批。

9.4.3 采购管理

9.4.3.1 各学院应根据学校批复的采购计划及经费情况，及时将具体采购项目清单和设备型号、技术指标等材料填写《资产申购单》报送资产处组织实施，确保采购任务按期完成。

9.4.3.2 资产采购应遵循公开、公平、公正、择优的原则，严格按照批准的项目预算执行。

9.4.3.3 采购方式主要为询价采购形式。

9.4.3.4 购置申请审批后，由资产采购科进行比价。报最高管理者（校长）、理事长审批后，确定供货单位，签订采购协议。

9.4.3.5 采购合同必须由最高管理者（校长）、理事长共同签订或最高管理者（校长）、理事长委托的代理人共同签订，方可生效。

9.4.3.6 采购合同必须是书面形式。采购合同一式四份，自签订之日起 7 个工作日内，资产采购科应将合同副本报档案馆存档。

9.4.3.7 对需要办理公证手续的订货合同，应按规定办理公证手续。涉外经济合同，按《中华人民共和国合同法》及有关规定管理。

9.4.3.8 资产采购科应建立采购资料管理信息库，对采购过程、合同签订及设备验收报告等实施归档管理。对合同执行情况实行动态监控；项目单位应将资产的购置合同及其附件材料（如验收报告、设备的发票复印件、运单、装箱单）与设备技术资料一并归入技术档案管理。

9.4.4 验收管理

9.4.4.1 使用单位应当做好资产验收前的各项准备工作，在设备申购时，应考虑设备安装场地所涉及的水、电等基本条件，保证项目的顺利执行。

9.4.4.2 资产验收是采购程序中的重要环节，是检验采购合同履约结果，保证采购质量的关键，要按照采购合同与设备清单进行验收。

9.4.4.3 数量配置验收。按合同条款和设备清单认真核对资产的品牌、型号、配置、附件、厂商、数量及价格。检查出厂合格证、产品说明书、使用说明书等文件，并与装箱单逐一核对。

9.4.4.4 技术质量验收。按合同中的规定和设备说明书上的技术指标，开机核对各项指标。要逐项核对，做好记录。

9.4.4.5 验收结束后，必须在《海南科技职业大学资产数量—质量验收、入库单》上填写数量、质量验收情况和是否同意验收等意见，各方代表均应在验收单上签名。

9.4.4.6 资产采购内容与合同不一致时，只填写《海南科技职业大学场地、设施、设备核验整改表》，由资产处将整改通知书送达采购供应商，要求供应商在规定时间内完成整改工作。整改合格后方能填写《海南科技职业大学资产数量—质量验收、入库单》，确保学校利益不受损失。

9.4.5　使用管理

9.4.5.1　各学院负责教学设备的使用、管理，教学实验设备要做到物尽其用，大型仪器设备（10万元以上）使用管理单位要做到专管共用，并制定具体措施有效实现设备的增值和保值，教务处每年对大型仪器设备进行绩效考核。

9.4.5.2　各学院实验室的教学实验设备在使用过程中，要及时认真进行维修保养，并做好记录。

9.4.5.3　教学设备出现故障，要及时查明原因，及时报修，保证设备处于良好状态。

9.4.5.4　设备质保期内出现问题，由采购单位负责联系厂家或供货商维修；质保期以外设备的一般性修理或维护性保养由各学院自行承担，经费由各各学院维修专项经费支出。

9.4.5.5　重大维修或使用单位无力自行修复的设备维修项目，由设备使用部门提出维修申请，报资产处审核，分管院领导审批后，由资产处根据每年学院下发的设备维修经费额度，联系或委托设备使用部门联系专业公司修理。

9.4.5.6　特种设备安全管理，按国家有关特种设备安全管理规定，资产处申请国家质量监督部门进行检验，按检验意见，督促整改，并保存检验报告书。

9.4.5.7　各学院按学校规定管理所属实训场所。实训场所应该张贴学生操作守则、实验操作注意事项、安全规定等规章制度并遵照执行。

9.4.6　教学设备处置

9.4.6.1　教学设备因达到使用年限、损坏、老化等造成无法修复，应及时办理申请报废手续，填写《资产处置申报表》，使用单位领导签署意见后，报资产处。

9.4.6.2　资产处负责组织教务处、财务处、后勤处、纪检部门等部门对报废物品和残值进行处理，所得收益上缴学校财务处。

9.4.6.3　对长期闲置、多余或不能有效利用的教学设备，填写《固定资产内部交接单》，由资产处统一调拨，并及时办理资产交接手续。

9.4.7　外租场地和设备管理

9.4.7.1　由于教学和培训需要租用校外场地或设备时，教学和培训单位依据主管机关的有关规定，对外租场地或设备进行安全性和符合性的评估，写出书面评估报告，经教学和培训单位负责人批准，报管理者代表审批后，报教务处、资产处审批后，报分管副校长批准，办理租用手续。

9.4.7.2　外租场地或设备费用，纳入各学院学生实习专项经费管理。

9.4.8　后勤处负责教学实训场地、设施的维修管理

需维修部门（人）填写《海南科技职业大学后勤维修申报表》，维修人员根据维修区域维修设备损坏或需更换情况提出所需维修材料，所需材料由仓管员填写《海南科技职业

大学（美兰校区）维修材料及设备采购申请审批表》申请，维修人员根据需要到仓管员处领取。维修人员对损坏设施进行维修，完工后由申请部门进行验收。

9.4.9　流程图

9.4.9.1　设施设备的管理工作流程。

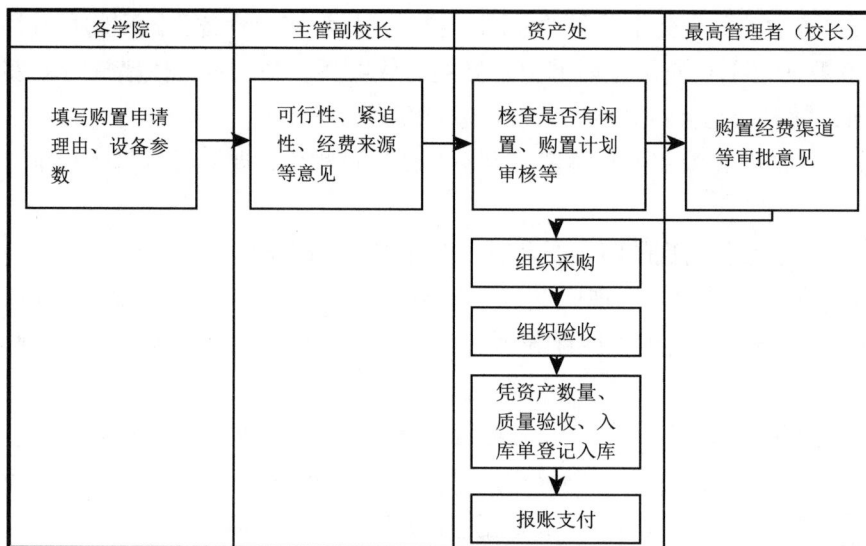

各学院	主管副校长	资产处	最高管理者（校长）
填写购置申请理由、设备参数	可行性、紧迫性、经费来源等意见	核查是否有闲置、购置计划审核等	购置经费渠道等审批意见
		组织采购	
		组织验收	
		凭资产数量、质量验收、入库单登记入库	
		报账支付	

9.4.9.2　后勤处维修申报流程。

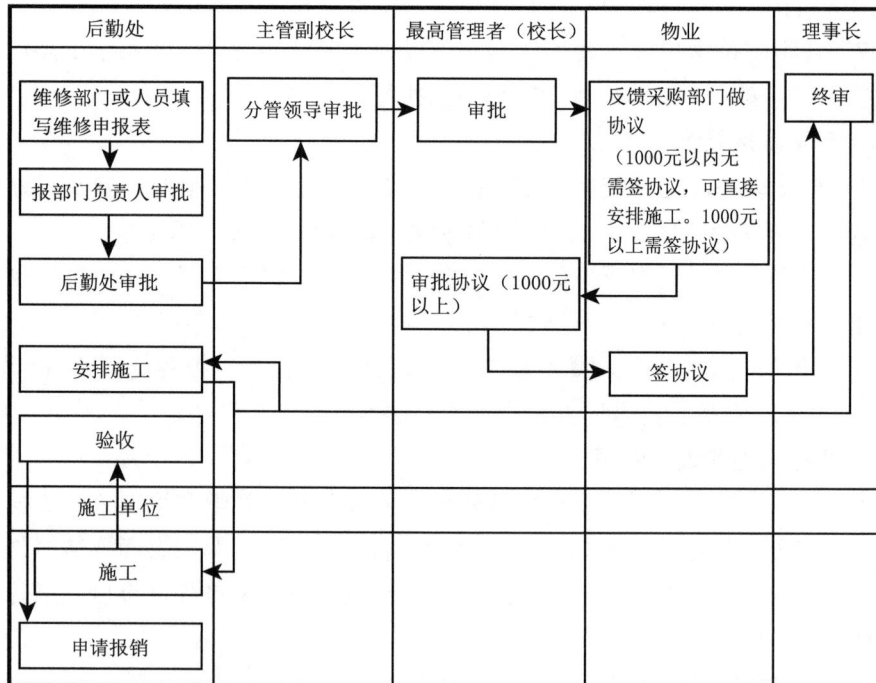

后勤处	主管副校长	最高管理者（校长）	物业	理事长
维修部门或人员填写维修申报表	分管领导审批	审批	反馈采购部门做协议（1000元以内无需签协议，可直接安排施工。1000元以上需签协议）	终审
报部门负责人审批				
后勤处审批				
		审批协议（1000元以上）		
安排施工			签协议	
验收				
施工单位				
施工				
申请报销				

9.5　支持性文件

9.5.1　实训设备管理办法。

9.5.2　高等学校实验室工作规程。

9.5.3　高等学校仪器设备管理办法。

9.5.4　行政事业单位国有资产管理办法。

9.6　质量记录

9.6.1　资产申购表。

9.6.2　资产数量—质量验收、入库单。

9.6.3　资产入账明细表。

9.6.4　资产内部交接单。

9.6.5　场地、设施、设备核验整改表。

9.6.6　资产处置申报表。

9.6.7　后勤维修申请单。

9.6.8　维修材料及设备采购申请审批表。

10 教材管理程序

10.1 目的

根据学生培养目标的要求和学校的教学计划，向师生提供符合要求的教材和教学资料，保证教学活动的正常进行，维护教学秩序的稳定。

10.2 适用范围

学校全日制本、专科学生教材的预订、采购、管理和发放。

10.3 职责

10.3.1 教务处教材科负责全校教材的征订、发放、清退、对账、报账、盘点、核算的组织工作。

10.3.2 学院教研室主任负责组织教师选定课程教材。

10.3.3 学院教学副院长负责审核本教学单位的教材征订计划表。

10.3.4 学院辅导员负责以班级为单位填写教材签收表。

10.4 工作程序

10.4.1 教材征订

10.4.1.1 教务处教材科根据《海南科技职业大学教材建设管理办法》《海南科技职业大学关于征订教材选用的决定》及《海南科技职业大学教材预订与建设管理办法（试行）》于每学期每年 5 月（新生第一学期教材订书时间为 8 月）、11 月向各教学单位下发下一学期教材征订通知及《教材征订计划表》。

10.4.1.2 各教学单位教研室主任组织任课教师根据开课计划选订教材，填写《教材征订计划表》，经本单位分管教学副院长审核后报教务处。

10.4.1.3 教务处根据各学院上报的《教材征订计划表》，逐一与人才培养方案核对，核对无误后汇总教材信息并核减库存。

10.4.1.4 将核减库存的教材征订汇总表逐级上报教务处处长、分管教学的副校长、最高管理者（校长）审批，获批后开始征订教材。

10.4.1.5 征订教材计划报给书商后，及时跟踪书商的教材供应情况并及时向各学院反馈。

10.4.1.6 教材到位后，及时按照专业分类并更新教材到书情况表。

10.4.2 教材发放

10.4.2.1 教材科于每学期放假前两周根据《海南科技职业大学教材预订与发放管理办法（试行）》向各学院下发教材发放通知及《教材领用表》模板。

10.4.2.2 学生用教材在规定时间内以辅导员所带班级为单位按照填写的《教材领用表》到教务处书库统一领取。

10.4.2.3 教师用教材由各学院根据《教材征订计划表》中预订的教师用书数量，按照填写的《教材领用表》到教务处书库统一领取。

10.4.3 教材清退

10.4.3.1 学校内部的教材清退：教材发放至各教学单位 9 周内，以各学院为单位将多领的学生用书和教师用书退回至教务处。

10.4.3.2 书商的教材清退：开学后 11 周内，将本学期剩余教材整理后退给书商。

10.4.4 教材的对账

10.4.4.1 学校内的教材对账工作：学校内部教材清退结束后，教材科立即组织各学院在规定时间内上交《教材签收表》。教务处根据教材发放及退书情况制作《教材定量耗用表》，并将《教材定量耗用表》和《教材发放签领表》进行核对，保证两个表的数据一致。

10.4.4.2 书商的教材对账工作：书商收到退书后，教材科和书商核对本学期教材实际签收及退货情况，核对完成后由书商提供盖有公章的实际销售清单。

10.4.5 教材入库及报账工作

10.4.5.1 对账完成后，教材科根据销售清单再逐级上报教务处处长、分管教学的副校长、最高管理者（校长）的审批后，至财务处办理教材的入库手续。

10.4.5.2 教材科根据书商提供的发票和资产处开具的入库单，填写报销单办理教材款报销手续。

10.4.6 教材的盘点工作

每个学期末，教材科对库存教材进行盘点并制作《教材进销盘存表》，并于次月初，将进销盘存表（纸质版）送至财务，教务处保存电子版。

10.4.7 教材费用的核算

10.4.7.1 每个学期开学后两个月，教材科制作本学期各专业学生《教材定量耗用表》，连同《教材发放签领表》（纸质版）送至财务处，教务处保存电子版材料。

10.4.7.2 每个学期开学后两个月，汇总教师用书领用，并将教师用书领用汇总表和教师用书领用表纸质版送至财务处，教务处保存电子版资料。

10.4.7.3 每学年 4—5 月，教材科核算当届毕业生 3 年教材费用，并送交财务。

10.4.8 流程图

教材管理			
各学院	教务处	分管院领导	最高管理者（校长）

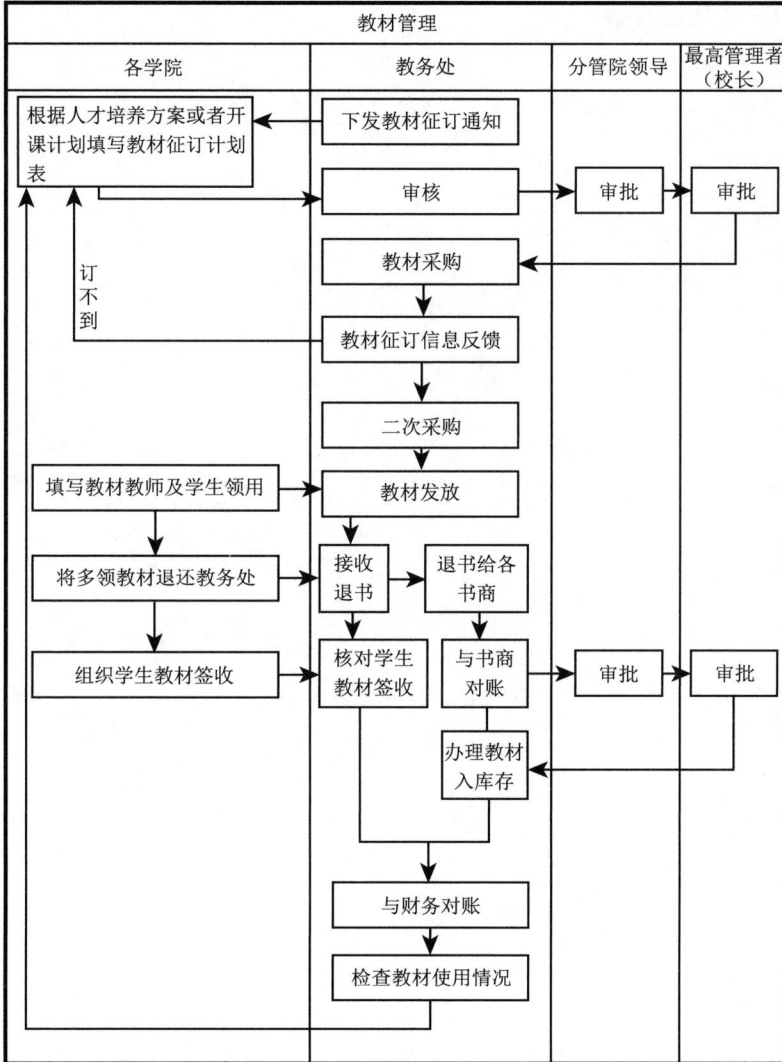

各学院	教务处	分管院领导	最高管理者（校长）
根据人才培养方案或者开课计划填写教材征订计划表	下发教材征订通知		
	审核	审批	审批
订不到	教材采购		
	教材征订信息反馈		
	二次采购		
填写教材教师及学生领用	教材发放		
将多领教材退还教务处	接收退书　退书给各书商		
组织学生教材签收	核对学生教材签收　与书商对账	审批	审批
	办理教材入库存		
	与财务对账		
	检查教材使用情况		

10.5 支持性文件

10.5.1 《海南科技职业大学教材建设管理办法》。

10.5.2 《海南科技职业大学教材预订与建设管理办法（试行）》。

10.5.3 《海南科技职业大学关于征订教材选用的决定》。

10.6 质量记录

10.6.1 教材征订计划表。

10.6.2 教材领用表。

10.6.3 教材发放签领表。

10.6.4 教材定量耗用表。

10.6.5 教材进销盘存表。

11 图书资料管理程序

11.1 目的

规范图书资料的采集、加工、保存、流通过程，为科研、教学与培训提供资源保证。

11.2 适用范围

学校图书资料采集、加工、保存、流通过程的控制。

11.3 职责

11.3.1 图书馆负责制订图书资料采购分配计划。

11.3.2 图书馆负责对采购图书统一分类编目。

11.3.3 图书馆负责阅览室和书库图书资料的借阅服务。

11.3.4 图书馆负责制订、实施电子资源采购计划，网络信息资源服务。

11.3.5 图书馆负责统筹协调、规划全校图书资料工作。

11.3.6 图书馆负责开展馆际协作与馆际交换工作。

11.3.7 分管副校长负责审批图书资料采购计划。

11.4 工作程序

11.4.1 制定《图书馆纸质文献采购计划》

11.4.1.1 办公室主任在年底组织编制下年度《图书馆纸质文献采购计划》。

11.4.1.2 馆长组织审定，报分管副校长审批。

11.4.1.3 审批同意后，图书馆采编部制订开支计划。

11.4.1.4 批准的《图书馆纸质文献采购计划》，采编部主任负责组织落实图书资料年度采购工作。

11.4.2 图书资料购置

由采编部根据《图书馆纸质文献采购计划》及采购原则，结合我院发展方向、专业设置、科研方向、教学计划和教学大纲，负责图书资料年度采购工作。

11.4.3 图书资料分编

11.4.3.1 根据《中国图书分类法》和《中国机读目录格式使用手册》，将所购图书资料分类、著录并进行典藏。

11.4.3.2　依据验收单，加工新书，建立《图书财产账（个别登记账）》。

11.4.3.3　新书加工、验收合格后，转流通部，投入流通、阅览。

11.4.4　图书资料的借阅

11.4.4.1　读者持本人借阅证，按规定手续借阅图书，并填写《读者借阅清单》。

11.4.4.2　图书破损、丢失按图书馆相关文件执行。

11.4.5　馆际协作与馆际交换

采访员确定捐赠单位、交换单位、图书类别与数量，报馆长审批后组织实施。

11.4.6　读者咨询

馆内各部门对口辅导解答用户提出的咨询。

11.4.7　电子资源

11.4.7.1　办公室主任（行政干事）年底组织制订下年度《图书馆电子文献采购计划》，馆长组织审定后上报分管副校长审批。

11.4.7.2　审批通过后，采编部主任负责组织实施采购计划。

11.4.7.3　电子资源的安装、验收及日常维护等项工作，由信息技术部主任负责组织实施。

11.4.8　图书保存防护措施

11.4.8.1　防潮措施。书库早晚关窗，利用吊扇排出湿气。天气晴好，开窗通风；阴天关闭非必要通风窗口；雨天则提前关闭全部窗口；台风季可用麻袋装生石灰放置书库各处。

11.4.8.2　防火措施。图书馆各岗位人员学习消防知识，定期检查灭火设备。

11.4.8.3　防虫措施。定期喷洒预防白蚁的药物，检查有无蚁穴，一旦发现立即杀灭。

11.4.8.4　防盗措施。上班检查门禁系统是否开放，下班将门窗关好。督促保安对警报响起的人员进行检查。

11.4.9　流程图

11.4.9.1　电子资源管理流程图。

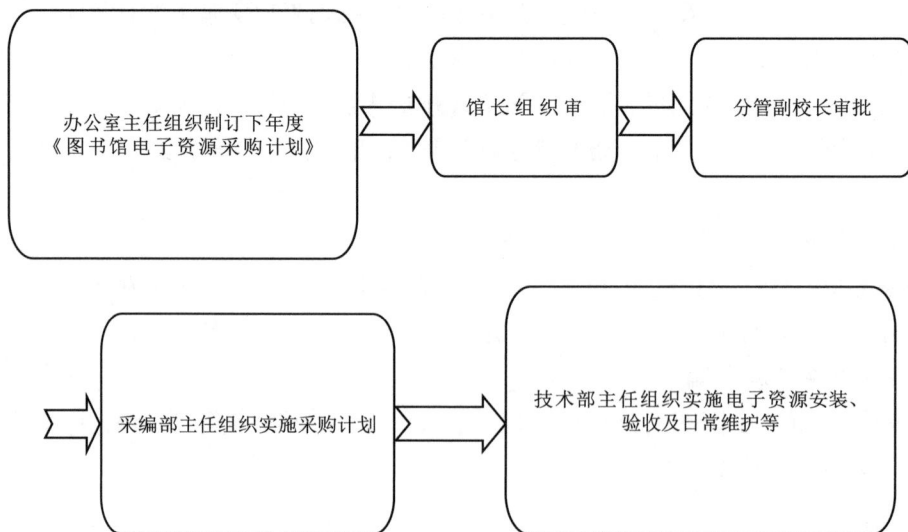

办公室主任组织制订下年度《图书馆电子资源采购计划》 → 馆长组织审 → 分管副校长审批

→ 采编部主任组织实施采购计划 → 技术部主任组织实施电子资源安装、验收及日常维护等

11.4.9.2　图书资料管理流程图。

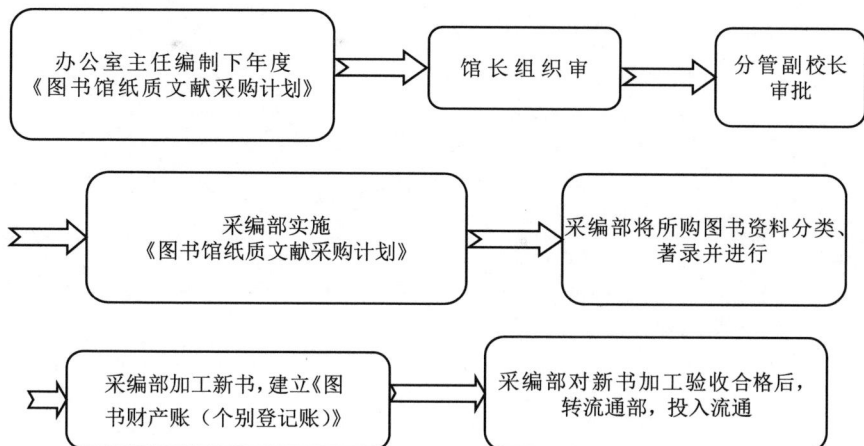

```
┌─────────────────────┐     ┌──────────────┐     ┌──────────────┐
│ 办公室主任编制下年度 │ ⇒  │ 馆 长 组 织 审 │ ⇒  │  分管副校长   │
│《图书馆纸质文献采购计划》│   │              │     │    审批      │
└─────────────────────┘     └──────────────┘     └──────────────┘

      ┌─────────────────────┐     ┌──────────────────┐
 ⇒   │    采编部实施         │ ⇒  │ 采编部将所购图书资料分类、│
      │《图书馆纸质文献采购计划》│   │   著录并进行      │
      └─────────────────────┘     └──────────────────┘

      ┌─────────────────────┐     ┌──────────────────┐
 ⇒   │ 采编部加工新书,建立《图│ ⇒  │ 采编部对新书加工验收合格后,│
      │ 书财产账（个别登记账）》│   │ 转流通部,投入流通 │
      └─────────────────────┘     └──────────────────┘
```

11.5　支持性文件

11.5.1　《中国图书馆分类法》(第五版)。

11.5.2　《海南科技职业大学图书馆管理规程》。

11.5.3　《普通高等高校图书馆规程》。

11.5.4　《中国机读目录格式使用手册》。

11.6　质量记录

11.6.1　图书馆纸质文献采购计划。

11.6.2　航海类书目清单。

11.6.3　个别登记账。

11.6.4　读者借阅清单。

11.6.5　图书馆电子文献采购计划。

12 实训耗材管理程序

12.1 目的

规范实训材料流通的过程，确保实训材料得到及时补充，满足实训教学的需要。

12.2 适用范围

航海类专业实训耗材的管理。

12.3 岗位职责

12.3.1 学院组织实训耗材的申购、使用、管理，作品统计及归仓。

12.3.2 教务处实训科组织实训耗材的计划、审批，实训作品的统计。

12.3.3 资产处负责实训耗材的购置、验收工作。

12.3.4 副校长审核耗材计划。

12.3.5 最高管理者（校长）审批耗材计划与采购报价。

12.4 工作程序

12.4.1 实训耗材的组织、申购、审批

12.4.1.1 教务处实训科于每学期结束前一个月组织开展实训耗材的申报工作，下发申报通知。

12.4.1.2 学院组织相关人员按教务处下发耗材申报通知的要求做好申购计划，填写《海南科技职业大学学生实训耗材计划明细表》经实训中心主任、分管教学副院长／院长审核后上报教务处。

12.4.1.3 教务处、资产处联合审核学院上报申购计划，填写《海南科技职业大学学院实训耗材经费把控总表》《海南科技职业大学资产采购申请表》交处长、分管副校长审核；上报事务中心，呈最高管理者（校长）审批。

12.4.1.4 经最高管理者（校长）审批的实训耗材计划交资产处进行采购。

12.4.2 实训耗材的购置、验收、入库

12.4.2.1 资产处组织耗材采购工作，由资产采购科进行比价，确定供货单位，报最高管理者（校长）审批后，签订采购协议，组织采购。

12.4.2.2 实训耗材购置到校后，资产处牵头组织安排验收，参与验收的人员应包括采购人员、资产处、教务处、耗材使用单位人员及资产管理员。验收完毕后，资产处组织

相关人员填写《资产数量质量验收、入库单》。凭借资产数量质量验收、入库单办理入库。

12.4.3 实训耗材的使用与管理

12.4.3.1 学院做好实训耗材的使用与管理工作，指定专人负责实训耗材的管理，依据入库单填写《学生实训耗材计划、入库、领用、管理统计表》。

12.4.3.2 开课教师负责实训耗材的使用，必须于课前及时领用实训耗材并填写《耗材领用登记表》。

12.4.3.3 期末结束，实训课授课教师根据实训项目的开展、耗材的使用情况，按课程统计学生作品数量，填写《实训作品统计表》，交实训中心主任汇总，经教学副院长／院长审核后，报教务处，同时作品进行归仓保管，优秀作品列入学校展示柜陈列。

12.4.3.4 学期末，实训中心主任负责组织耗材管理员根据《学生实训耗材计划、入库、领用、管理统计表》和《耗材领用登记表》的数据，盘存实训耗材，如不足，按期申报。

12.4.4 实训耗材的处置

12.4.4.1 实训耗材因达到使用年限无法使用或由于教学消耗无法使用，但仍有残值的，应及时办理申请报废手续，填写《资产处置申报表》使用单位领导签署意见后，报资产处。

12.4.4.2 资产处负责组织教务处、财务处、后勤处、纪检部门等部门对报废物品和残值进行处理，所得收益上缴学校财务处。

12.4.5 流程图

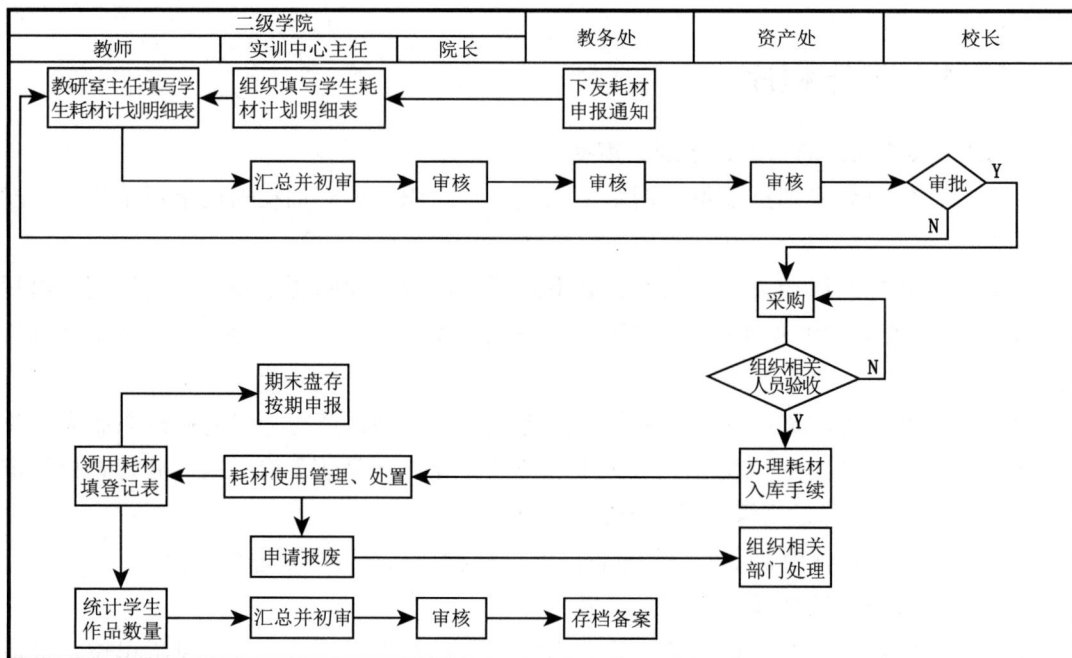

12.5 支持文件

12.5.1 海南科技职业大学低值易耗品管理办法。

12.6 质量记录

12.6.1 学生实训耗材计划明细表。

12.6.2 实训耗材经费把控总表。

12.6.3 耗材领用登记表。

12.6.4 学生实训耗材计划、入库、领用、管理统计表。

12.6.5 实训作品统计表。

12.6.6 资产采购申请表。

12.6.7 资产数量质量验收、入库单。

12.6.8 资产处置申报表。

13 教务管理程序

13.1 目的

完善教务的管理，维护教学秩序的稳定，保证各项教学活动正常进行。

13.2 适用范围

学校航海类本科、专科各专业教学管理活动。

13.3 职责

13.3.1 教务科负责新学期开学初"五到位"，即教师、教材、教具耗材、教室、课表的情况检查。

13.3.2 教务科负责教学进度表、教学任务书、教案等撰写事宜安排。

13.3.3 教务科负责下达课程安排任务，审核学院课程安排表。

13.3.4 教务科负责新学期补考工作。

13.3.5 教务科负责新增专业的申报和审查申报材料。

13.3.6 教务科负责期中教学检查工作。

13.3.7 教务科负责下达制订开课计划任务，审核开课计划。

13.3.8 教务科负责人才培养方案、课程标准的制定和审查。

13.3.9 教务科负责学校校历的制定。

13.3.10 教务科负责期末考试工作的组织。

13.3.11 教务科负责各院每月课时量的审核。

13.3.12 教务科负责调、停课日常管理。

13.3.13 教务科负责教学事故材料整理、备案。

13.3.14 教务科负责期末教学检查及教学资料的存档检查工作。

13.3.15 实训科负责实训室运行情况的定期检查。

13.3.16 实训科负责实训耗材申报工作。

13.4 工作程序

13.4.1 "五到位"

新学期开学初"五到位"即教师、教材、教具耗材、教室、课表的情况检查。

13.4.1.1 学期末，教务科下发下学期开学初"五到位"检查的通知至学院，组织教务处及学院院长、教学副院长，分组对开学初"教师、教材、教具耗材、教室、课表"的情况进行检查。

13.4.1.2　检查人员如实填写《新学期"五到位"检查情况表》，对检查存在问题提出整改建议。

13.4.1.3　教务科整理、汇总检查情况，拟写"开学初教学检查工作总结"。

13.4.1.4　教务处处长审阅并签署对"开学初教学检查工作总结"意见，以文件形式下发至学院。

13.4.2　教学资料的收集、复审

13.4.2.1　上一学期末，教务科下发"关于开学准备工作的通知"到学院，规定上交教学进度表、教学任务书、教案、课件、实训指导书等教学资料的要求和明细。

13.4.2.2　教学进度表要求按统一模板，由授课教师按所授课程详细填写。海事学院统一收集、批阅、审核，于开学后一周内呈送至教务科备案。教学进度表一式三份，即教师本人、教学单位、教务处各一份留存。

13.4.2.3　每学期开学前，根据授课教师任务安排情况，由学院安排相关人员填写教学任务书，统一收集、批阅、审核。于开学前一周内将教学任务书汇总版呈送至教务科备案。教学任务书要求一式三份，即教师备存一份、教学单位备存一份、教务科备存一份。

13.4.2.4　根据《海南科技职业大学教案撰写规范》，授课教师撰写教授课案，在开学前，由学院统一收集、检查（开学第一、第二周的教案）；学期过程中，学院对教师教案进行收集、检查、并统一归档。教务处不定期进行抽查。

13.4.3　课程安排

13.4.3.1　学期期末考试的前几周，教务科下发制定新学期课程安排的任务的通知，学院开始进行下学期课程安排；学期结束前1~2周，学院将《课程安排表》初版（电子版、纸质版）呈教务科。

13.4.3.2　教务科依据开课计划，对课表进行审核并对存在问题进行反馈。学院根据反馈修改课表，课表确定后，发至各授课教师和学生。

13.4.3.3　新学期开课后，如需调整课表，学院打报告，进行调整事项说明，呈教务处相关负责人审批，方可调整。

13.4.4　补考工作

13.4.4.1　教务科下发补考通知到学院，安排各项考务工作。

13.4.4.2　学院按照《补考安排表》模板，进行补考的具体安排。

13.4.4.3　学院在规定时间内上交《补考安排表》到教务处教务科，教务科进行补考安排审核和汇总。

13.4.4.4　教务科将全校补考安排汇总表发至学院，进行补考学生信息核对，确保准确无误。

13.4.4.5　补考前一周，学院交送补考试卷（建议统一采用上学期期末考试另一套试卷 A/B）至教务处教务科交付教务处文印室复印、装订、密封。

13.4.4.6　补考前三天，教务处教务科通知学院领取补考相关表格。

13.4.4.7　教务科组织进行补考资料存档等工作。

13.4.5　新增专业的申报的组织

13.4.5.1　接教育厅关于新增专业申报文件后，教务处组织学院拟定申报专业，教务处汇总申报情况，上报校教学指导委员会讨论拟定的新增专业，报最高管理者（校长）终审确定申报的新增专业和相关负责人。

13.4.5.2　由相关负责人准备好新增专业的相关材料后，由教务处统一登录新增专业申报平台，传送相关电子版材料，后续由教育厅核定、审批新增专业。

13.4.6　期中教学检查工作

13.4.6.1　根据《海南科技职业大学教师教学工作规范（试行）》，开学第八周，教务科下发"关于期中教学检查的通知"至学院，要求做好相关准备，包括开展教学观摩、讨论会议；拟写本院期中教学总结、系部期中教学总结、教师教学自查总结等。

13.4.6.2　学期中，教务科组织教务人员到学院详细了解 1~8 周教学情况。对学院中部分教师的教案、课程标准、实训大纲、实训指导书、课件、作业本、学生花名册等资料进行抽查，并如实记录检查情况。

13.4.6.3　中期检查后，教务科相关负责人收集学院的期中教学检查总结和教师自查报告，结合抽查情况，汇总学院情况，拟写"期中教学检查总结"。

13.4.6.4　将"期中教学检查总结"呈送至教务处处长审阅，签署意见后，以书面形式反馈至学院。

13.4.6.5　反馈期中检查情况至学院后，督其对不完善项进行整改，教务处安排相关人员择期进行整改情况的检查。

13.4.7　下达开课任务，审核开课计划安排表

13.4.7.1　学期第 10~11 周，教务处下达关于录入下学期开课计划相关事宜的通知，学院根据人才培养方案和教务科开课计划录入要求，按时将下学期的开课明细情况录入教务系统。教务科根据人才培养方案，系统内审核学院各专业开课计划内的课程，根据《中华人民共和国船员培训管理规则》审核开课计划内授课教师资格，具有相应的海上资历或职称要求，方能授课。并反馈意见，如与人才培养方案不一致的地方，督其修改，并再次审核至无误。

13.4.7.2　如课程开设、课时量变化等情况有变动，由学院申请，呈教务处领导审批，通过后方可调整。

13.4.7.3　审批原件留教务处备案，复印件交相应教学单位备案。

13.4.8 "人才培养方案"、课程标准的制定、修订和审查

参照《人才培养方案和课程标准编制、修订控制程序》内步骤执行。

13.4.9 学校校历的制定

13.4.9.1 教务处于学期中编制下一学期的校历。校历编制包括确定：①学期的起讫时间；②按学期周序排出年、月、日的具体日历表；③教学准备周时间和正式上课时间；④假期起讫时间；⑤学生报到时间；⑥教学和复习考试时间。

13.4.9.2 校历拟定后，教务处长、分管副校长审核，报学校办公室转校领导会签，教务处根据会签意见定稿，上报学校办公室转发各单位执行。

13.4.10 课程考核（考试安排、命题、印卷、考试组织、阅卷、登分、存档）

13.4.10.1 每学期第14~15周教务处根据人才培养方案、教学进程及课程性质，明确本学期期末考试课程，下发考试安排及命题通知。

13.4.10.2 学院根据校历考试日程安排及教务处要求编制考试安排表，并按照要求，在规定时间内报教务处审核。

13.4.10.3 学院负责组织考试课程的命题，任课教师按照要求，认真出卷。每套试卷样卷须含试题、标准答案及评分标准（试题、标准答案及评分标准的试卷模板由教务处提供）。

13.4.10.4 考试样卷由学院负责审核并在试卷审批表上签字。

13.4.10.5 学院的教学秘书在规定的时间内将样卷交教务处教务科，转呈教务处处长审签抽A/B卷，学院后续按时交付文印室印刷。

13.4.10.6 试卷印刷完后，按考试安排表整理印刷好的试卷，通知学院教学秘书在规定时间内到教务处按封装要求密封试卷，试卷封装完毕后，统一拿回本单位，并做好试卷的保管和保密工作。

13.4.10.7 学院培训监考教师，并要求教师按照《海南科技职业大学监考守则》履行监考职责，严格监考。

13.4.10.8 教务处负责处理考试中监考教师出现的问题。

13.4.10.9 学生考场违纪由教务处根据《海南科技职业大学违反考试纪律处分办法》认定与处理。

13.4.10.10 考试结束三天内，学院在规定时间内改卷、统分、登分，整理、封装好各科目考试资料（试卷原件、考生名单、考试成绩登分表、成绩分析表、试卷样卷及标准答案）放本教学单位归档备案，并送交考试成绩登分表（纸质版与电子版各一份）到教务处学籍科进行成绩管理。

13.4.11 调停课日常管理

13.4.11.1 根据《海南科技职业大学关于调、停课管理办法》教师在海南科技职业大

学教务系统进行调、停课申请并报备教学秘书。

13.4.11.2　教学秘书在高校教务网络管理系统处理调、停课申请。

13.4.11.3　出现系统无法提交调、停课申请的教师，可以填写《调（补）课通知单》，经教学单位教学秘书审核签署意见后，交教务处备案。

13.4.11.4　教学单位根据调／停课通知做好相关教学安排。

13.4.11.5　每月月底教学单位将高校教务网络管理系统中自动生成的调／停课通知打印纸质版，并提交教务处备案。

13.4.12　课时量审核

13.4.12.1　每月最后一周，通知学院相关负责人填写《教学人员课时申报表》，并于次月初上交（电子版、纸质版）至教务科。

13.4.12.2　根据《海南科技职业大学教师工作量计算办法》文件，教务科根据课程安排表对学院的教师授课课时量进行审核。

13.4.12.3　审核完毕，呈送至教务处长签字。每月 6 日前，将课时申报表纸质版交至人事处，进行教师课时费审核，教务科留存电子版。

13.4.13　教学事故材料整理、备案

如教师在教学过程中出现教学事故，教务处教务科向事故老师所在学院领导沟通，反馈事故情况，依据《海南科技职业大学教学事故的认定及处理办法》予以认定，填写《海南科技职业大学教学事故认定登记表》，学院与教务处存档备案。

13.4.14　期末教学检查及教学资料的存档检查工作

学期末前 2~3 周，教务科下发《关于学期末教学工作安排的通知》，对本学期教学材料（教学进度表、教学任务书、教案、课件、课程标准、实训大纲、实训指导书等）的归档、考试（期末考试试卷、补考试卷）资料归档做明确要求，学院根据要求，做好相关材料的归档工作。教务科安排教务人员，于期末考试结束 2 周内至学院检查归档工作的落实情况。

13.4.15　实训科负责实训室运行情况的检查

13.4.15.1　实训科不定期下发实训室抽查通知，对实训室内的设备、卫生、记录等运行情况进行检查。

13.4.15.2　每学期期初与期末，对实训室进行全面检查。

13.4.16　耗材申报工作

参照《耗材管理程序》内规定内容执行。

13.4.17　航海类专业在校生参加基本安全和适任培训申请、适任考试申请和办证申报依船员培训中心相关规定执行

13.4.18　流程图

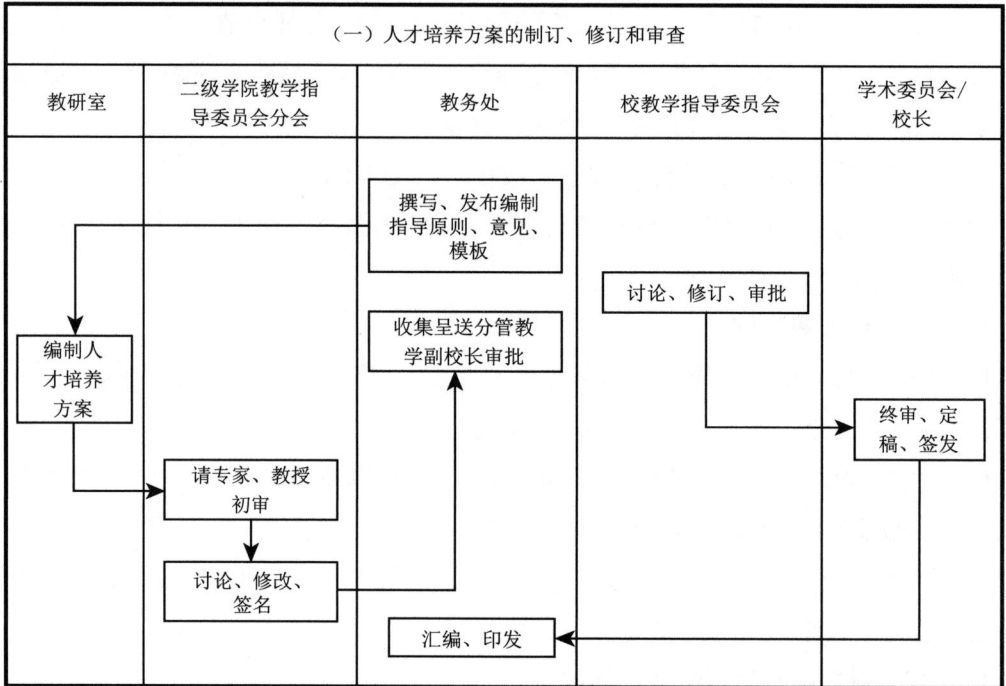

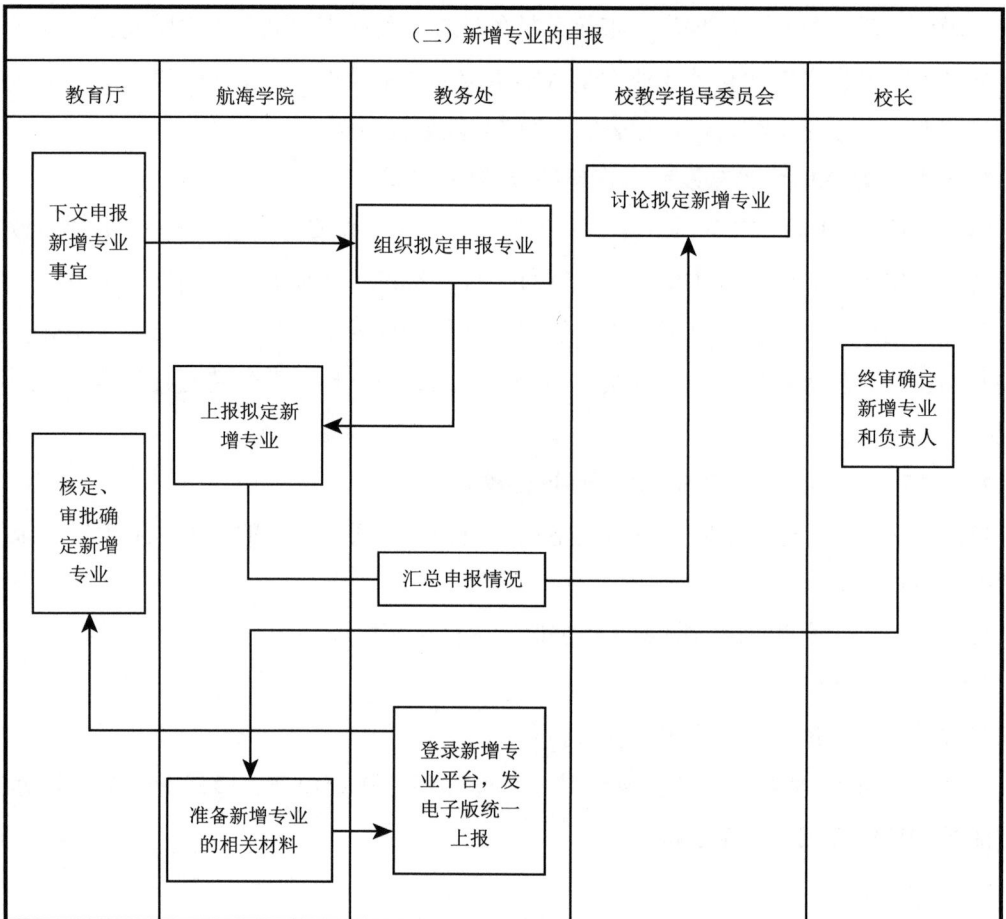

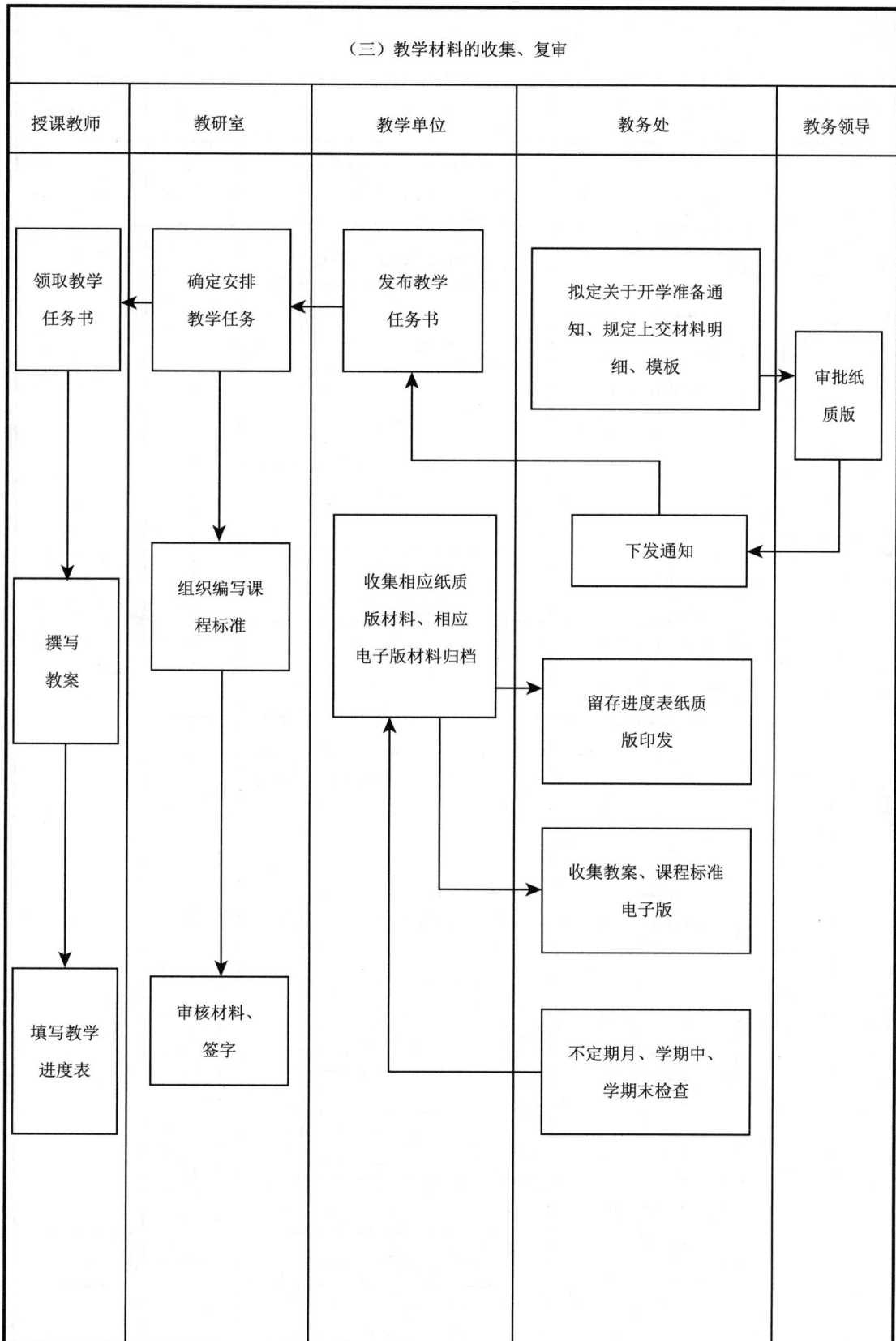

（三）教学材料的收集、复审

授课教师	教研室	教学单位	教务处	教务领导

领取教学任务书 → 确定安排教学任务 ← 发布教学任务书

拟定关于开学准备通知、规定上交材料明细、模板 → 审批纸质版

撰写教案

组织编写课程标准

收集相应纸质版材料、相应电子版材料归档

下发通知

留存进度表纸质版印发

填写教学进度表

审核材料、签字

收集教案、课程标准电子版

不定期月、学期中、学期末检查

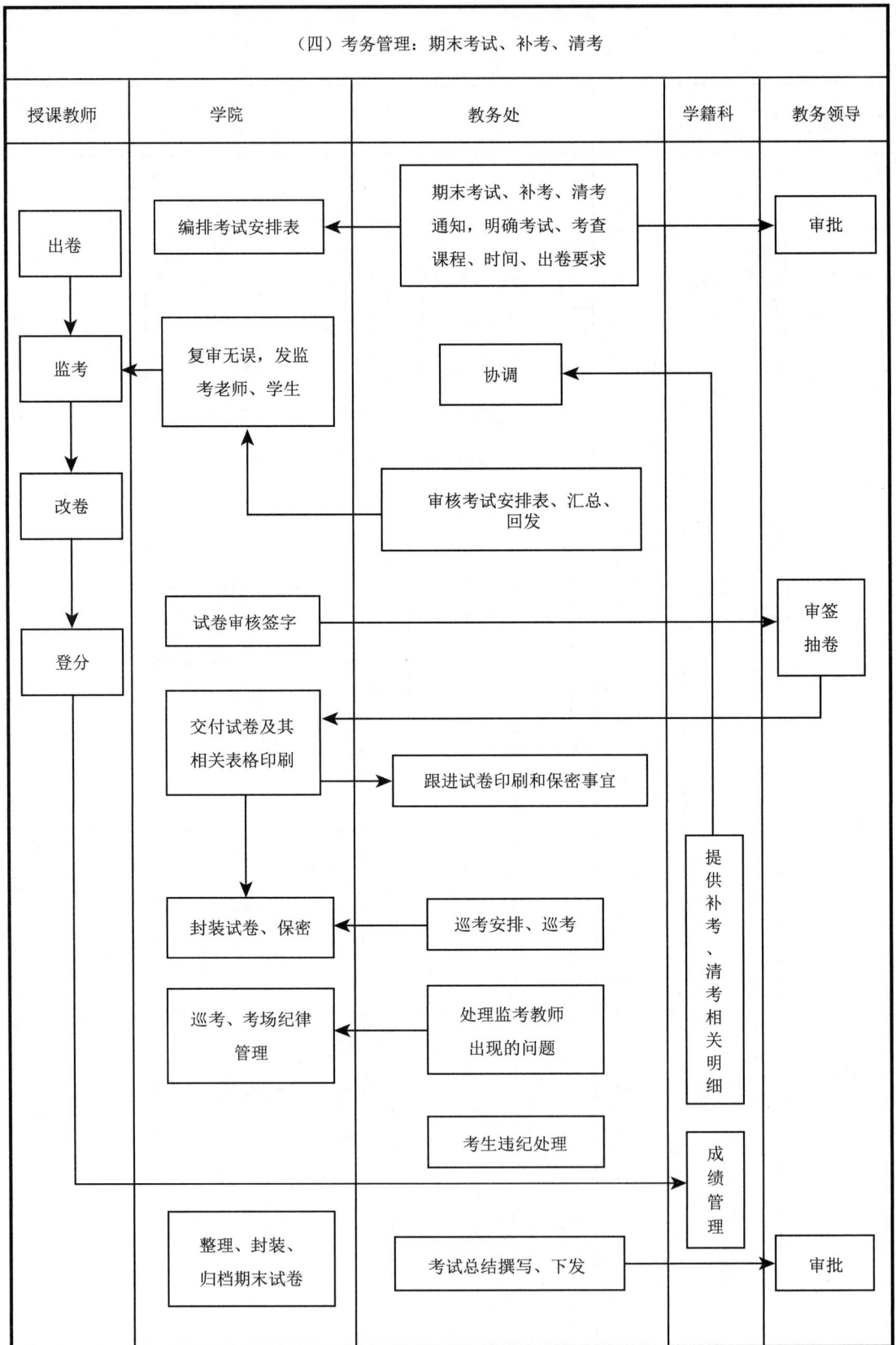

（四）考务管理：期末考试、补考、清考

授课教师	学院	教务处	学籍科	教务领导
出卷	编排考试安排表	期末考试、补考、清考通知，明确考试、考查课程、时间、出卷要求		审批
监考	复审无误，发监考老师、学生	协调		
改卷		审核考试安排表、汇总、回发		
登分	试卷审核签字			审签抽卷
	交付试卷及其相关表格印刷	跟进试卷印刷和保密事宜	提供补考、清考相关明细	
	封装试卷、保密	巡考安排、巡考		
	巡考、考场纪律管理	处理监考教师出现的问题		
		考生违纪处理	成绩管理	
	整理、封装、归档期末试卷	考试总结撰写、下发		审批

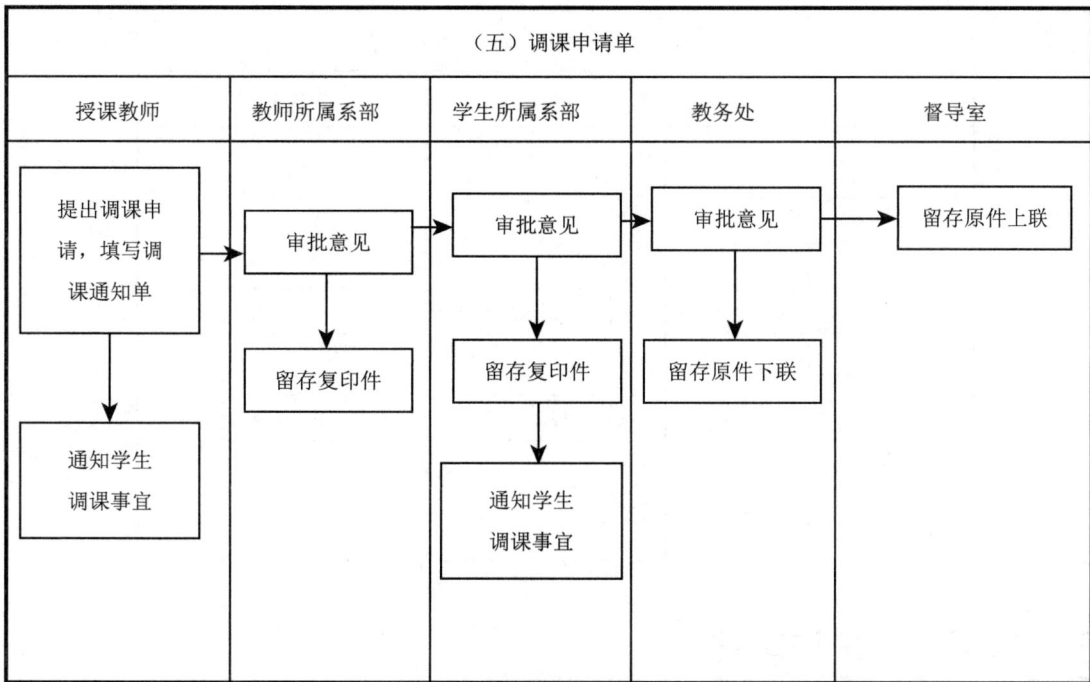

（五）调课申请单

| 授课教师 | 教师所属系部 | 学生所属系部 | 教务处 | 督导室 |

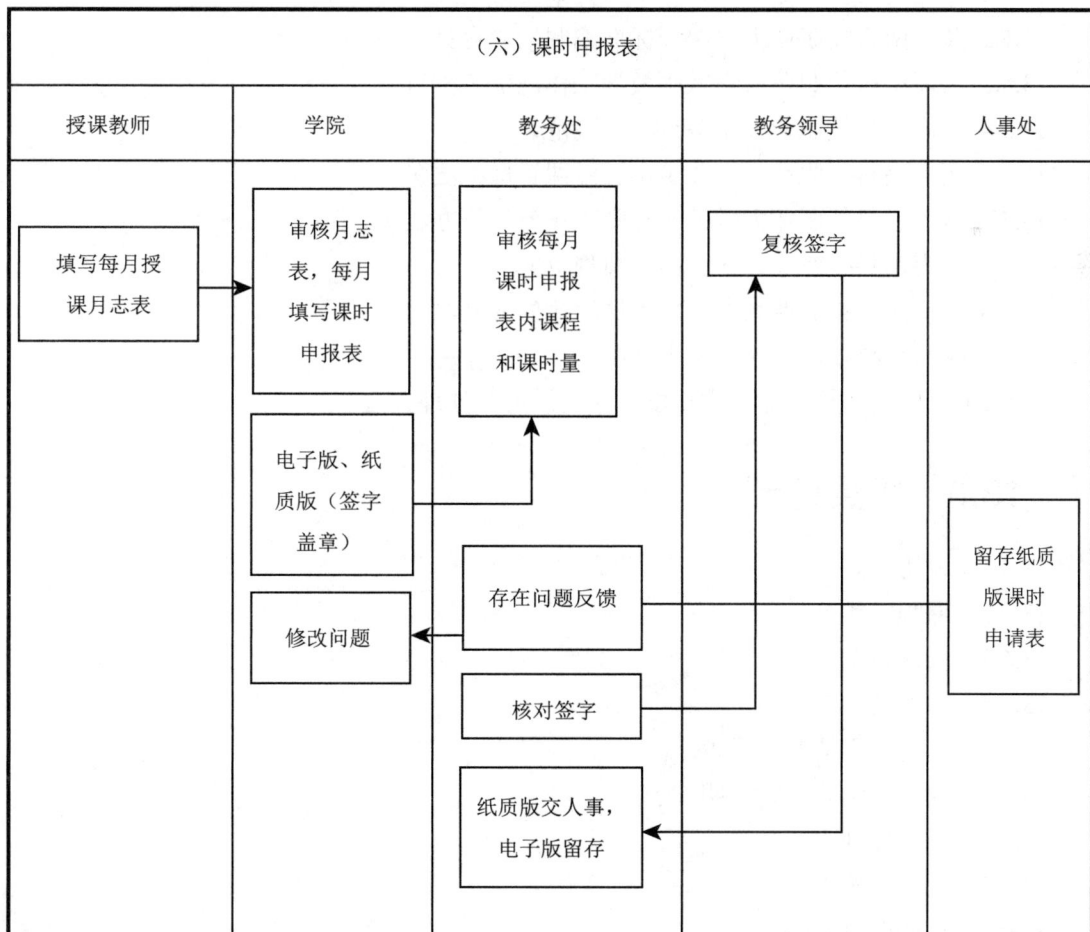

（六）课时申报表

| 授课教师 | 学院 | 教务处 | 教务领导 | 人事处 |

（七）教学事故材料整理、备案		
授课教师	学院	教务处

发生教学事故

沟通认定 → 沟能认定 → 沟能认定

填写教学事故认定登记表 → 留档备案 → 留档备案

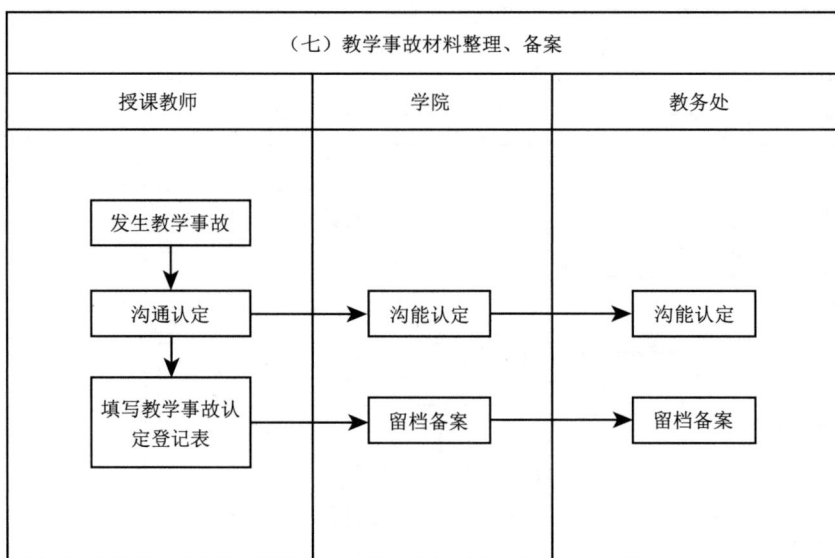

13.5　支持性文件

13.5.1　《海南科技职业大学人才培养方案修订制度》。

13.5.2　《海南科技职业大学课程标准编制指导意见》。

13.5.3　《海南科技职业大学教师教学工作规范（试行）》。

13.5.4　《海南科技职业大学考试工作规范》。

13.5.5　《海南科技职业大学关于调、停课管理办法》。

13.5.6　《海南科技职业大学关于教师工作量计算办法》。

13.5.7　《海南科技职业大学教案撰写规范》。

13.5.8　《海南科技职业大学违反考试纪律处分办法》。

13.5.9　《海南科技职业大学监考守则》。

13.5.10　《海南科技职业大学教学事故的认定及处理办法》。

13.6　质量记录

13.6.1　校历表。

13.6.2　课程安排表。

13.6.3　授课教案。

13.6.4　补考安排表。

13.6.5　考场巡视情况记录表。

13.6.6　期中教学检查情况明细表。

13.6.7　开课计划表。

13.6.8　试卷分析表。

13.6.9　授课课时申报表。

13.6.10　教学事故认定处理记录及相关材料。

13.6.11　期末考试试卷模板。

13.6.12　期末考试试卷答案模板。

13.6.13　期末考试考场情况记录表。

13.6.14　期末考试安排。

13.6.15　教学任务书。

13.6.16　教学进度表。

13.6.17　调（补）课通知单。

13.6.18　新学期"五到位"检查情况表。

14 教学管理程序

14.1 目的

控制理论教学、实践教学的实施过程，确保理论教学、实践教学质量，培养合格人才。

14.2 适用范围

全校本专科专业理论教学、实践教学的运行。

14.3 职责

14.3.1 学院负责教学活动的组织。

14.3.2 学院负责教师授课过程的实施与监控。

14.3.3 学院负责教学资料的存档。

14.3.4 学院负责教学环节的安全与节能控制。

14.4 工作程序

14.4.1 开设课程及教师的确定

14.4.1.1 学院根据教务处审定的《开课计划》审核教师授课资格，向教师下达授课任务，组织填写《教学任务书》《教学进度表》等教学资料。

14.4.1.2 如需变更课程或任课教师，由各专业教研室提出申请，学院审核后报教务处批准备案。

14.4.2 教学准备

14.4.2.1 教材准备：参照《教材管理程序》HNKJ/B/0602 内规定步骤执行。

14.4.2.2 耗材准备：参照《实训耗材管理程序》HNKJ/B/0604 内规定步骤执行。

14.4.2.3 教学场所准备：实训（实践）课程开课前一周，实训室管理员需到实训室检查实训（实践）教学仪器、材料准备情况，认真做好实训（实践）教学准备工作。实训室管理员根据《课程安排表》中规定的实训（实践）课上课时间，提前开门、开机、准备实训用品。

14.4.3 备课

14.4.3.1 任课教师按课程标准的要求和教学进度表合理组织教学内容，认真撰写教案、课件，实训课程应撰写实训指导书。

14.4.3.2　根据各章节特点、选择适当的教学方式和方法。

14.4.3.3　做好教学模型、挂图、教具、演示实验等准备工作。

14.4.3.4　了解学生学习基础、处理好本课程与先修课、后续课之间的衔接关系。

14.4.3.5　备课以个人备课为主，学院也可根据情况组织集体备课。

14.4.3.6　实训（实践）课程授课前，教师需领用耗材、到实训室按操作程序认真预演。确保演示规范、过程有序、结果真实有效。

14.4.4　授课实施

14.4.4.1　理论教学授课：教师应按课程标准的规定，根据《教案》内容，全面地把握该课程的深度和广度及教学内容的重点、难点；讲究教学方法，提高讲课艺术，上课应准确、简练、条理清楚且讲普通话，板书应工整，布局合理；根据实际情况调整讲授方式，力争使教与学双方协调一致，取得较好的教学效果，注意扩展更新教学内容。

14.4.4.2　实训（实践）教学授课：教师应按课程标准的规定，根据《实训指导书》内容，开展实训（实践）课程的授课，每批实训（实践）课开始前，实训（实践）任课教师要对学生进行实训室安全教育及说明有关规定事项，以引起学生的重视，阐明实践的目标、方法、步骤等环节，演示及讲解清楚、准确，达到实训（实践）训练的预期目标，确定分组名单等。

14.4.4.3　实训（实践）课授课结束，任课教师需配合实训室管理员清点设备仪器、耗材的数量及使用情况，填写《实训室运行记录表》《仪器设备使用记录表》。如发现仪器设备等出现异常情况，实训室管理员撰写维修申请报告报资产处，跟踪维修进度，并填写《设备 / 仪器维修记录表》。

14.4.4.4　每年 6 月第一周和 12 月第一周，各学院对本院所属教学设备由专业系组织进行例行核验，且填写《海南科技职业大学实验 / 实训室学期核验情况记录表》，经教学单位负责人审核后签名盖章，扫描件电子版报教务处实训科。

14.4.5　作业批改

14.4.5.1　教师应按课程标准要求布置作业，严格要求学生按时认真完成作业，实训（实践）课程结束，按项目指导学生填写《实训报告》收集学生实训作品。

14.4.5.2　批改作业、实训报告要认真、及时。

14.4.5.3　教师须对学生完成作业情况，及时讲评。

14.4.6　考核

14.4.6.1　理论课程的考核按《教务管理程序》工作程序 4.10 内的描述执行。

14.4.6.2　实训（实践）教学的考核由教师根据学生的实训（实践）技能和撰写实践报告的能力，综合评定每次实训（实践）成绩，经学院教研室主任、院长（分管教学副院长）审批后存档，以供教务处、督导室开展教学检查。

14.4.6.3　任课教师可根据具体情况安排阶段测验，其成绩作为平时成绩予以记录。

14.4.7　教学过程检查

教学过程检查按《教务管理程序》4.1、4.6、4.14 步骤执行。

14.4.8　教学材料存档

每学期结束前，学院负责学期教学资料的收集存档工作，编制存档目录，经院长（教学副院长）审核后，交教务处备案。

14.4.9　实训（实践）教学安全保障和节能控制

14.4.9.1　开学第一周由教务处实训科、资产处、后勤处对实训的场地、设施、设备进行安全检查：安全操作规程的张贴、安全用电的警示牌、灭火器材的摆放，时效等。

14.4.9.2　实训（实践）材料、低值品、易耗品因达到使用年限无法使用或由于教学消耗无法使用，但仍有残值的，应及时办理申请报废手续，使用单位领导签署意见后，报资产处。

14.4.9.3　资产处负责回收并会同教务处、财务处对报废物品和残值进行处理，所得收益上缴学校财务处。

14.4.10　流程图

14.4.10.1　理论教学管理程序流程图。

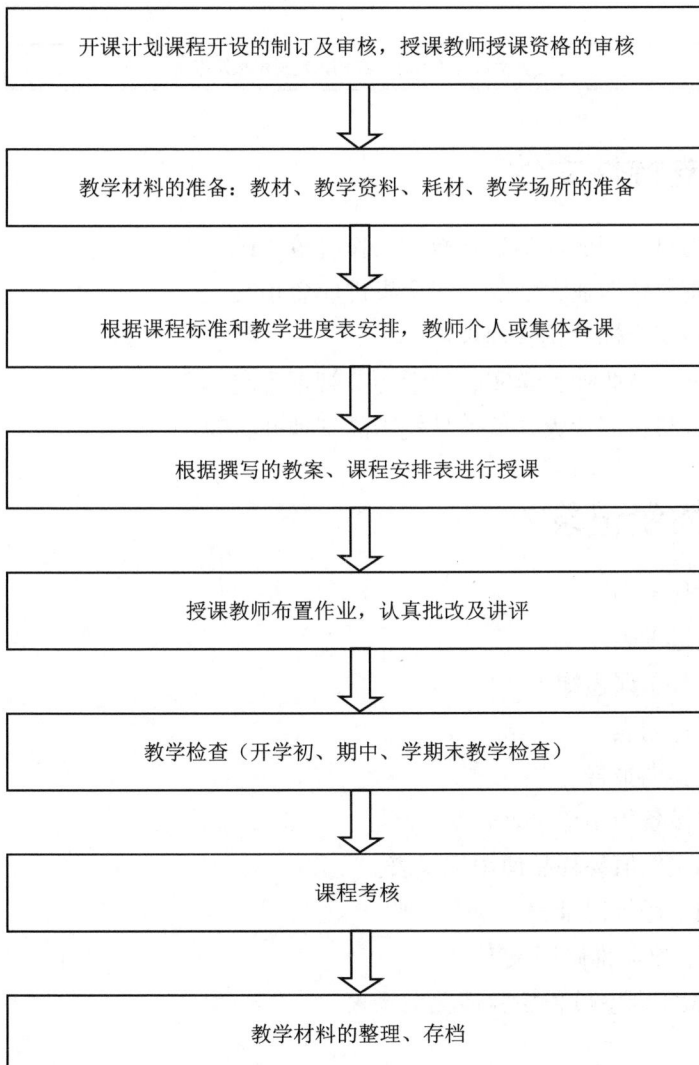

```
┌─────────────────────────────────────────────────────┐
│  开课计划课程开设的制订及审核，授课教师授课资格的审核    │
└─────────────────────────────────────────────────────┘
                          ↓
┌─────────────────────────────────────────────────────┐
│  教学材料的准备：教材、教学资料、耗材、教学场所的准备    │
└─────────────────────────────────────────────────────┘
                          ↓
┌─────────────────────────────────────────────────────┐
│  根据课程标准和教学进度表安排，教师个人或集体备课        │
└─────────────────────────────────────────────────────┘
                          ↓
┌─────────────────────────────────────────────────────┐
│  根据撰写的教案、课程安排表进行授课                      │
└─────────────────────────────────────────────────────┘
                          ↓
┌─────────────────────────────────────────────────────┐
│  授课教师布置作业，认真批改及讲评                        │
└─────────────────────────────────────────────────────┘
                          ↓
┌─────────────────────────────────────────────────────┐
│  教学检查（开学初、期中、学期末教学检查）                │
└─────────────────────────────────────────────────────┘
                          ↓
┌─────────────────────────────────────────────────────┐
│  课程考核                                               │
└─────────────────────────────────────────────────────┘
                          ↓
┌─────────────────────────────────────────────────────┐
│  教学材料的整理、存档                                   │
└─────────────────────────────────────────────────────┘
```

14.4.10.2 实训（实践）教学管理流程图。

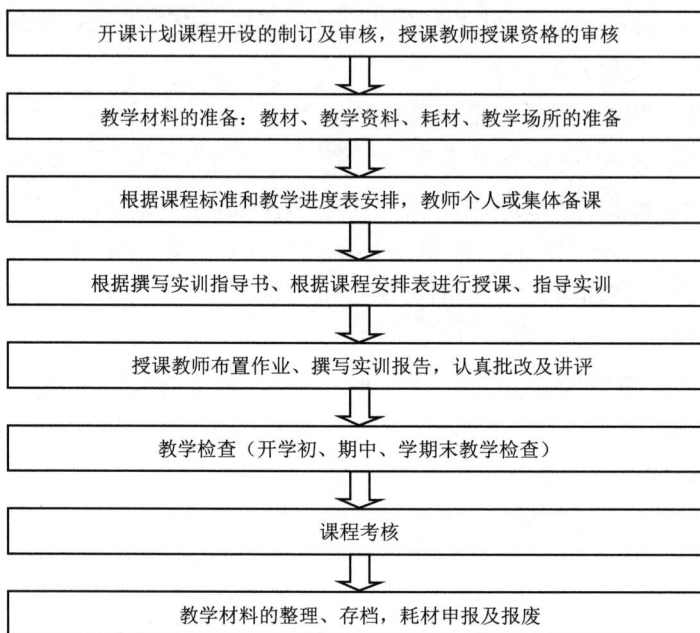

```
┌─────────────────────────────────────────────────────────┐
│  开课计划课程开设的制订及审核，授课教师授课资格的审核         │
└─────────────────────────────────────────────────────────┘
                            ↓
┌─────────────────────────────────────────────────────────┐
│  教学材料的准备：教材、教学资料、耗材、教学场所的准备         │
└─────────────────────────────────────────────────────────┘
                            ↓
┌─────────────────────────────────────────────────────────┐
│  根据课程标准和教学进度表安排，教师个人或集体备课            │
└─────────────────────────────────────────────────────────┘
                            ↓
┌─────────────────────────────────────────────────────────┐
│  根据撰写实训指导书、根据课程安排表进行授课、指导实训         │
└─────────────────────────────────────────────────────────┘
                            ↓
┌─────────────────────────────────────────────────────────┐
│  授课教师布置作业、撰写实训报告，认真批改及讲评              │
└─────────────────────────────────────────────────────────┘
                            ↓
┌─────────────────────────────────────────────────────────┐
│  教学检查（开学初、期中、学期末教学检查）                   │
└─────────────────────────────────────────────────────────┘
                            ↓
┌─────────────────────────────────────────────────────────┐
│  课程考核                                                  │
└─────────────────────────────────────────────────────────┘
                            ↓
┌─────────────────────────────────────────────────────────┐
│  教学材料的整理、存档，耗材申报及报废                       │
└─────────────────────────────────────────────────────────┘
```

14.5 支持性文件

14.5.1 《海南科技职业大学教师教学工作规范（试行）》。

14.5.2 《海南科技职业大学公共安全事件应急预案》。

14.5.3 《消防安全标准化管理规定》。

14.5.4 《海南科技职业大学实践教学环节管理规定》。

14.5.5 《海南科技职业大学低值易耗物品管理办法》。

14.6 质量记录

14.6.1 教学任务书。

14.6.2 教学进度表。

14.6.3 调（补）课通知单。

14.6.4 开课计划表。

14.6.5 学生实训报告。

14.6.6 仪器设备使用记录表。

14.6.7 实训室低值易耗品使用记录表。

14.6.8 实训室运行记录表。

14.6.9 设备 / 仪器维修记录表。

14.6.10 实验实训室设备核验情况记录表。

15 船员培训管理程序

15.1 目的

根据经修正的 STCW 公约、《中华人民共和国船员条例》《海船船员培训大纲》《中华人民共和国船员培训管理规则》及实施办法、《中华人民共和国船员培训和船员管理质量管理规则》等的相关要求，保证各类船员培训正常开展，保证培训质量。

15.2 适用范围

适用于船员基本安全培训、船员适任培训和特殊培训。

15.3 职责

15.3.1 分管副校长负责指导学校船员培训工作的开展。

15.3.2 船员培训中心负责对学员的考证资格进行审查，按照《船员培训许可证》载明的培训项目、地点和海事管理机构确定的培训规模开展船员培训的招生、录取、学员管理、教学过程的监督、签发培训证明和协助学员办证。

15.3.3 海事学院负责按照交通运输部规定的船员培训大纲和水上交通安全、防治船舶污染等要求设置培训课程、制订培训计划并开展培训；保证所有的培训场地、设施、设备应当处于良好的使用状态，并应当具备足够的备用品，培训的易耗品应当得到及时补充，以保障培训的正常进行。

15.4 工作程序

15.4.1 船员培训教学计划编制和审批实施

15.4.1.1 船员培训中心拟出培训教学计划和课程教学大纲的具体要求和模板，海事学院专业教研室按照具体要求和模板以及《海船船员培训大纲》培训纲要和内河船员培训的相关法律法规进行编制与修订。

15.4.1.2 制订完成的培训教学计划和课程教学大纲由海事学院组织有关专家进行评审。评审专家中必须包含有管理级船员，如非管理级船员则须具有副高级以上职称。评审人员和编制人员不能为同一人，船员培训中心主任审批。

15.4.1.3 船员培训中心按照《海船船员培训大纲》将培训计划、培训课程以及培训课程论证情况和培训课程安排上报海南海事局审核确认。海南海事局确认后，船员培训中心按照确认的课程发布执行。在实施过程中，可根据教学反馈意见、最新文件要求报经主任批准后进行调整，上报海南海事局审核后下发执行。

15.4.1.4 培训教学计划和课程教学大纲一般不能更改，当船员培训强制性规范发生调整或培训运行过程中需要对教学计划和课程教学大纲进行修改时，由海事学院专业教研室提出书面报告，经船员培训中心同意后方可调整，切实保证船员培训教学计划和课程教学大纲编制的及时性、完整性和合规性。

15.4.2 培训开班计划的制订

15.4.2.1 船员培训中心副主任根据船员培训需求和本中心培训资源状况，编制年度的培训开班计划。

15.4.2.2 培训开班计划须指明将开办的培训班类别（培训项目）、课时、预定开班日期。

15.4.2.3 培训开班计划经船员培训中心主任批准后，船员培训中心教务管理员向航运企事业单位、学员发布培训信息，并实施培训开班计划。

15.4.2.4 培训开班计划在实施过程中船员培训中心副主任可根据培训资源、生源情况和考试机关的要求，报经主任批准后进行调整。

15.4.3 培训班学员报名及录取

15.4.3.1 培训学员报名分为两种方式：一是个人报名；二是单位组织报名。每位学员必须按照要求，认真填写个人基本信息（姓名、性别、身份证号、文化程度、联系方式、报名项目等）。

15.4.3.2 船员培训中心教务管理员根据学员填写的个人基本信息受理培训报名。

15.4.3.3 船员培训中心教务管理员告知学员身体条件必须符合《海船船员健康检查要求》的规定。

15.4.3.4 船员培训中心教务管理员告知学员有关培训项目的收费标准及须提供的有关证件及资料。

15.4.3.5 船员培训中心教务管理员根据国家海事局颁布的《中华人民共和国船员培训和船员管理质量管理规则》《中华人民共和国船员培训管理规则》及实施办法、《中华人民共和国海船船员培训合格证书签发管理办法》《中华人民共和国内河船舶船员适任考试和发证规则》《中华人民共和国内河船舶船员基本安全培训、考试和发证办法》《内河船舶船员特殊培训考试和发证办法》的标准要求，向学员告知中华人民共和国海事局规定的有关培训项目中对船员年龄、持证情况、船上服务资历、见习资历、安全任职记录、身体健康状况等方面的要求，并签收《海船船员基本安全及专业技能培训学员告知书》《海船船员岗位适任培训学员告知书》《内河船舶船员培训学员告知书》。

15.4.3.6 船员培训中心申办员负责组织学员到海事局指定的医院进行体检。

15.4.3.7 船员培训中心申办员负责组织学员到海事局进行信息采集及注册等。

15.4.3.8 船员培训中心申办员进行学员资格审核，确定学员是否交清学校学费、体检是否合格，信息采集是否成功，是否符合海事局的有关要求。

15.4.3.9 船员培训中心申办员根据学员资格审核结果将名单报送船员培训中心副

主任。

15.4.3.10 船员培训中心副主任严格控制开班规模，保证培训质量，根据申报校验标准确定开班数量，且每个班的学员人数不得超过 40 人，确定参加《培训班学员名单》。

15.4.4 教学准备

15.4.4.1 船员培训中心教务管理员在开班之前提前编写《船员培训课程表》和拟定任课教师并送船员培训中心主任审批。

15.4.4.2 船员培训中心教务管理员在开班前 5 日把课程安排表发给任课教师及海事学院实训中心主任。

15.4.4.3 船员培训中心教务管理员根据课程安排表制定《教学任务书》，教学任务书应指明任课班级、课程名称、教学课时数等，并通知任课教师签收。任课教师收到教学任务书后，根据教学大纲及课程表，编写《教学训练日历表》，教学日历的编写应在开班前 3 日完成。

15.4.4.4 海事学院实训中心主任根据课程安排表督促实验员做好实验器材及耗材的准备，盘存实训耗材，如不足，应在开班前 3 日填写《消耗品采购计划表》按期申报。

15.4.4.5 船员培训中心教务管理员在开班前到学校教务处教材科领取培训教材，并在上课时发放给培训教师和学生，并做好签收记录《专项培训班学生用书领用表》《船员培训班教师用书领用表》。

15.4.4.6 船员培训中心申报员根据《中华人民共和国船员培训管理规则》的要求，应当在每期培训班开班前 3 日在中国海事平台上申报各培训班培训计划。

15.4.4.7 船员培训中心副主任在每次基本安全培训开班前召开全体培训学员大会，提出要求，强调纪律。

15.4.5 教学和训练的开展、检查与评估

15.4.5.1 船员培训中心申办员根据《中华人民共和国船员培训管理规则》的规定，应当在每期培训班开班前在中国海事平台上申报学员名单。

15.4.5.2 海事学院任课教师和船员培训中心教务管理员须做好学员的考勤检查，并做好《船员培训考勤表》的记录工作。

15.4.5.3 船员培训中心教务管理员根据《教学日历表》对教学和训练的实施进行随机的检查，并在《教学与训练检查表》上做好记录，如果在教学进度、考勤情况、课堂纪律、备课情况等方面出现不正常的现象应及时了解原因，指正任课教师采取措施及时纠正。

15.4.5.4 船员培训中心任课教师根据《船员培训大纲》要求梳理知识点，进行理论教学，指导学员进行实操评估训练，加强学员保障安全和节能环保意识，培养学员实操技能。任课教师按时记录当日教学内容、学员出勤情况、课堂秩序等，填写《船员培训教学日志》。

15.4.5.5 船员培训中心教务管理员对各培训项目的教学进度进行管理。教师如需临时调课，应提前向船员培训中心提出申请，并填写《船员培训调课通知单》，经船员培训

中心主任审批。调课方案确定后，船员培训中心教务管理员负责通知所有涉及方，并对调课后的执行情况进行跟踪。

15.4.5.6　船员培训中心教务管理员结合教学和训练实施的检查及学员的模拟考试结果进行教学与训练的评估、考情分析，对各项目培训教学和训练的实施效果及任课教师的适任性做出评价，及时纠改，保证培训质量。

15.4.5.7　海事学院实验员对各培训项目的实操设备、耗材、废品处理进行管理，培训课结束后，应及时进行清点，做好《油污废料处理记录》《消耗品使用记录》《实操设备使用记录表》的登记工作。

15.4.5.8　培训学员在培训期间应遵守学校各项管理规定，如若违反，学校将依照相关规定严格处理，下发《学员违纪处理通知书》。

15.4.6　学员考试

15.4.6.1　船员培训中心教务管理员根据船员培训考勤表，填写《培训证明发放审批表》，将按计划学完全部课程，且考勤满足主管机关相关规定的学员名单，报经船员培训中心副主任审核及船员培训中心主任审批后，符合条件的学员可以取得《船员培训证明》。《船员培训证明》在学员各培训环节均完成后由中国海事综合服务平台自动生成，培训结束后，船员培训中心教务管理员可以登录到中国海事综合服务平台予以打印，并及时给培训学员发放培训证明，做好《船员培训证明发放登记表》的记录工作。如未能如期结业，则已参加过的培训记录予以作废，学员需重进行相关科目的学习。

15.4.6.2　船员培训中心教务管理员组织取得《船员培训证明》的学员在培训考试前进行模拟考试，模拟考试试题由各培训项目的任课教师根据《海船船员培训大纲》要求和学生实际命题。模拟考试后，船员培训中心教务管理员组织各任课老师进行考情分析，并填写《船员培训学员仿真模拟考试及考情分析》，报经船员培训中心副主任审核及船员培训中心主任审批。模拟考试不合格的学员不予参加本期考试，推迟考试直至模拟考试合格。

15.4.6.3　船员培训中心申报员把经船员培训中心主任签字确认并取得《船员培训证明》，且模拟考试成绩合格的学员，及时在中国海事综合服务平台申报考试计划，网上提交学员考勤及考试名单，完成考试费缴纳，以便海事局安排考务工作。

15.4.6.4　船员培训中心教务管理员根据海事局安排的考试时间，提前通知海事学院的无纸化考场、实训室的管理人员检查计算机考试机房的设备、考试系统、网络、实操设备运行情况，以保证船员考试的顺利进行。

15.4.6.5　船员培训中心教务管理员及时通知学员考试时间、地点、考试注意事项，并在考试当天组织学生提前到达考试地点做好考试准备。

15.4.6.6　船员培训中心教务管理员按海事局要求格式提前准备好评估记录表、评估成绩单及其他有关评估事宜。

15.4.6.7　船员培训中心教务管理员负责协助海事局进行考试、汇总成绩。考试的成绩公布后，船员培训中心教务管理员及时将《船员培训学员考试成绩单》汇总留存。

15.4.6.8 船员培训中心教务管理员对学员网上成绩查询提供指导，对考试不合格的学员，应及时与他们联系，并安排补考事宜。

15.4.7 学员结业及证书的管理

根据《中华人民共和国海船船员培训合格证书签发管理办法》文件的要求，考试结束后，船员培训中心申报员协助考试合格的学员到海事局办理相关证书。

15.4.8 质量记录存档

15.4.8.1 海事学院任课教师将教学训练日历表、船员培训教学日志，交船员培训中心教务管理员存档。

15.4.8.2 船员培训中心教务管理员把教学资料收集整理，并将所有资料转交海事学院质量管理员。

15.4.8.3 海事学院质量管理员填写《质量记录清单》，并将所有质量记录存档。

15.4.9 纠正措施与质量风险管理

15.4.9.1 培训教学计划和课程教学大纲的编写和评审人员应对海事相关国际公约、法规及船员培训大纲充分熟悉和了解，充分满足海事局公布的船员培训大纲的要求。船员培训中心和海事学院专业教研室及时跟踪和掌握有关公约、法规及政策等调整变化信息，并采取相应应对措施，保证船员培训设计结果的及时性、完整性和合规性。教育设计结果直接影响到培训的效果，及时关注教育设计的实用性。

15.4.9.2 培训招生过程中应严格遵守有关船员培训学员招生标准的要求，在招生工作开展过程中，根据招生政策及工作实际需要，不断调整和优化招生工作流程，提高招生工作效率，船员培训中心主任应对整个招生工作过程进行监督。

15.4.9.3 在培训过程中可能会出现设施设备的故障问题，或设施设备已不能满足培训的需求的问题。对此一方面加强对设施设备的检查，出现问题由海事学院实训中心及时解决，有备用设备的及时启动备用设备，没有备用设备的作调课处理，待设备修理完毕后再重新进行培训；一旦发现设施设已老化不能满足培训要求的情况，立即对设备进行更新处理。

15.4.9.4 船员培训中心应严格考勤制度，海事学院任课教师和船员培训中心教务管理员必须如实记考勤。一旦发现有学生未到课，船员培训中心教务管理员即刻联系学生必须到课，并进行批评教育，保证和提高培训质量。

15.4.10 学员报备

15.4.10.1 船员培训中心申报员根据学校教务处当年海事学院航海技术和轮机工程技术专业新生入学在教育厅注册的学历教育学生名单，在海事局申报网站进行入学报备，并报请海南海事局船员处接收和确认。当年学生报备完成后，原则上不允许转专业，如因特殊情况转专业的学生，船员培训中心应及时与海南海事局船员处沟通处理。

15.4.10.2 船员培训中心申报员根据学校教务处确认当年海事学院航海技术和轮机工程技术专业的学历教育毕业学生名单，在海事局申报网站进行毕业报备并报请海南海事局船员处接收和确认。

15.4.11 总结与考核

15.4.11.1 船员培训中心工作年度结束时，对各项船员培训的学员考试成绩进行统计分析，对中心全年举办的各项船员培训的教学和训练的实施质量做出评估，总结全年开展船员培训所取得的经验和成绩，并指明存在问题及所产生的原因和需要采取的纠正措施，并将结果通报海事学院。

15.4.11.2 海事学院联合船员培训中心组织对教职工进行工作总结，并予以考核。

15.4.12 流程图

```
编制和审批培    →   组织学员      →   开班申请   →   缴费、材料
训教学计划          资格审查                          上报

证书发放、保管  ←   申请制证      ←   考试申报   ←   教学的实施

培训结果分析    →   质量记录归档  →   总结、反馈  →   优化、改进
```

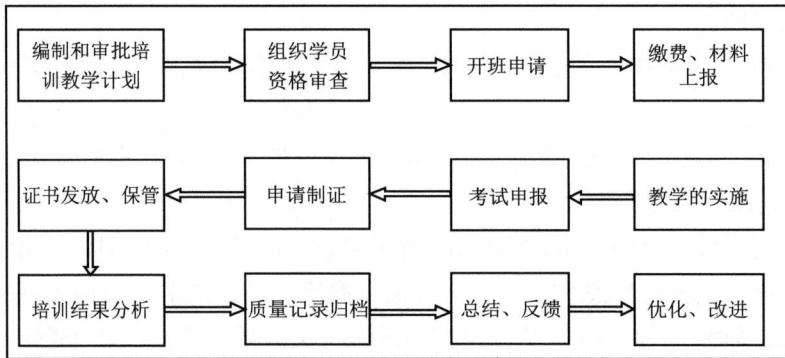

15.5 支持性文件

15.5.1 经修正的 STCW 公约。

15.5.2 《中华人民共和国船员培训和船员管理质量管理规则》。

15.5.3 《中华人民共和国海船船员培训合格证书签发管理办法》。

15.5.4 《中华人民共和国船员培训管理规则》。

15.5.5 《中华人民共和国船员培训管理规则》实施办法。

15.5.6 《中华人民共和国海船船员适任考试和发证规则》。

15.5.7 《海船船员培训大纲》。

15.5.8 《中华人民共和国船员条例》。

15.5.9 《中华人民共和国船员考试考场规则》。

15.5.10 《海南科技职业大学学生管理规定》。

15.5.11 《海南科技职业大学教师教学工作规范（试行）》。

15.5.12 《培训证明发发放制度》。

15.5.13 《协议书》。

15.5.14 《实训设备管理办法》。

15.5.15 《中华人民共和国内河船舶船员适任考试和发证规则》。

15.5.16 《中华人民共和国内河船舶船员基本安全培训、考试和发证办法》。

15.5.17 《内河船舶船员适任考试大纲》。

15.5.18 《内河船舶船员特殊培训考试和发证办法》。

15.5.19 《中华人民共和国内河船舶船员值班规则》。

15.6　质量记录

15.6.1　船员培训课程表。

15.6.2　船员培训调课通知单。

15.6.3　培训班学员名单。

15.6.4　专项培训班学生用书领用表。

15.6.5　船员培训班教师用书领用表。

15.6.6　船员培训教学任务书。

15.6.7　船员培训考勤表。

15.6.8　船员培训教学日志。

15.6.9　教学与训练检查表。

15.6.10　油污废料处理记录。

15.6.11　培训证明发放审批表。

15.6.12　教学训练日历表。

15.6.13　学员违纪处理通知书。

15.6.14　船员培训证明签发情况汇总表。

15.6.15　消耗品使用记录。

15.6.16　消耗品采购计划表。

15.6.17　船员培训证明发放登记表。

15.6.18　操设备使用记录表。

15.6.19　船员培训学员成绩单。

15.6.20　海船船员基本安全及专业技能培训学员告知书。

15.6.21　海船船员岗位适任培训学员告知书。

15.6.22　内河船舶船员培训学员告知书。

15.6.23　质量记录清单。

15.6.24　受控文件清单。

15.6.25　质量体系培训学习记录表。

15.6.26　船员培训学员模拟考试及考情分析。

15.6.27　培训教学计划和课程教学大纲具体要求和模板。

16 毕业设计（论文）工作准备与实施管理程序

16.1 目的

为规范学校本科毕业设计（论文）与航海类本科专业毕业实习报告工作，特制定本程序。

16.2 适用范围

本程序适用于本科学生毕业设计（论文）与航海类本科专业毕业实习报告的管理。

16.3 职责

16.3.1 本科学生毕业设计（论文）毕业设计（论文）是培养方案的重要组成部分，是培养学生综合运用所学基础理论、基本知识和基本技能，提高分析和解决实际问题能力的重要教学环节。

16.3.1.1 教务处负责制订毕业设计（论文）管理文件和实施计划，组织对毕业设计（论文）的选题、指导、评阅、答辩、总结、外审等方面进行阶段性检查。

16.3.1.2 各学院成立本科毕业设计（论文）指导小组，该小组是各学院组织实施毕业设计（论文）工作的管理机构，由教学院长任组长，成员由适当数量的专业负责人组成（小组成员各学院可视专业数多少作相应增减）。毕业设计（论文）指导小组制定毕业设计（论文）工作实施细则，对毕业设计（论文）的各项工作进行具体推进及指导，并协调解决毕业设计（论文）工作中出现的问题。

16.3.1.3 各学院组织成立答辩委员会，答辩委员会由副教授以上职称的若干教师组成，下设若干答辩小组，小组成员应由讲师以上的教师（或相当职称的人员）组成。答辩委员会负责制定答辩规程，研究和处理答辩中的重大疑难问题，审定毕业论文成绩评定、优秀毕业设计（论文）评选。

16.3.1.4 指导教师具体负责学生毕业设计（论文）的指导，由讲师（或相当技术职称）以上职称人员担任。对所指导学生毕业设计（论文）的选题、文献综述、内容、格式等进行具体指导，并推荐优秀毕业设计（论文）。

16.3.2 航海类本科专业毕业实习报告及专题

16.3.2.1 教务处负责制订毕业实习报告及专题管理文件，组织对毕业实习报告及专题的阶段性检查工作。

16.3.2.2 海事学院成立毕业实习报告及专题指导小组，制订毕业实习报告及专题工作实施细则；对毕业实习报告及专题的审核、批阅及成绩评定、资料保存、质量分析、整理、总结等进行具体实施。

16.3.2.3　指导教师由讲师（或相当技术职称）以上职称人员担任；负责指导学生正确撰写毕业实习报告及专题，并对毕业实习报告及专题进行批阅。

16.4　工作流程

16.4.1　本科学生毕业设计（论文）

16.4.1.1　本科毕业班的第 7 学期第 16 周左右，各学院成立毕业设计（论文）指导小组，组织教师申报课题并审核。

16.4.1.2　第七学期末或第八学期初，各学院组织学生选题，确定指导教师，并填写《毕业设计（论文）选题汇总表》交教务处实践教学科。各学院组织召开指导教师和全体毕业生参加的毕业设计（论文）动员会，做好思想动员工作并公布毕业设计（论文）工作要求、评分标准、纪律等有关规定。

16.4.1.3　根据本科毕业设计（论文）的相关规定和要求，各学院学生、教师须在网上操作系统中完成毕业设计的各个环节。毕业设计（论文）选题要求、指导老师指导要求、毕业设计（论文）的格式规范、评阅、答辩及评分标准均按《海南科技职业大学本科生毕业设计（论文）工作条例》执行。

16.4.1.4　毕业设计（论文）开始 1~2 周，各学院检查开题情况，教务处抽查。

16.4.1.5　第八学期中期，各学院进行中期答辩，教务处随机抽查。

16.4.1.6　在毕业设计（论文）答辩前，学校组织对各专业学生毕业设计（论文）进行重合度检测（简称"查重"），同时抽取一定比例的毕业设计（论文）由同类专业校外相关专家审核（简称"盲审"），完成《海南科技职业大学本科毕业设计（论文）综合评价表》，根据"查重""盲审"结果确定学生是否进入答辩环节。补答辩环节同样适用。

16.4.1.7　答辩前，学院成立答辩委员会及答辩小组，向学生公布答辩日程安排，报教务处实践教学科备案。答辩委员会研究和处理答辩过程中的重大疑难问题。

16.4.1.8　毕业设计（论文）答辩前一周，学生提交毕业设计（论文）完整装订本，各学院组织评阅。

16.4.1.9　各学院组织毕业设计（论文）答辩，教务处跟踪检查。学生完成并通过答辩后，学院打印《本科生毕业设计（论文）成绩评定表》一式两份，一份留学院保存，一份保存在学生档案中。

16.4.1.10　答辩完成后，各学院推荐、评选优秀毕业设计（论文），填写《优秀毕业设计（论文）推荐表》，并将《优秀毕业设计（论文）摘要稿》电子文档报教务处实践教学科。

16.4.1.11 毕业设计（论文）未通过的学生将于下一学期开学初组织补答辩。

16.4.1.12 各学院总结毕业设计（论文）工作，按要求整理毕业设计（论文）材料并归档。

16.4.2 毕业实习报告及专题工作实施

16.4.2.1 学生独立完成毕业实习的全部内容，结合在船实习情况，按照《海南科技职业大学航海类专业本科生毕业实习教学文件》要求，撰写毕业实习报告及专题。

16.4.2.2 学生根据各专业公布的专题，由指导教师指定或结合自己具体情况进行选题，做好毕业实习专题的准备工作，参阅外文文献资料不得少于 3000 个外文单词，并译成中文，专题字数应在 5000 字以上。

16.4.2.3 学生完成毕业实习后，应及时把毕业实习报告、专题报告、实习日记、外文原稿复印件及译文等材料挂号邮寄至海事学院办公室。

16.4.2.4 航海类专业毕业实习总评成绩由海事学院组织各系评定，按专业分别填写《海南科技职业大学航海类专业本科生毕业实习综合评分表》。

16.4.2.5 毕业实习报告及专题成绩不及格的学生需参加答辩，海事学院成立答辩小组，确定答辩日程，认真进行答辩。答辩后填写《海南科技职业大学航海类专业本科生毕业实习答辩表》。

16.4.2.6 海事学院整理毕业实习报告及专题报告、综合评分表、外文原稿复印件及译文等材料，放入统一的毕业实习报告材料袋，保存期限 5 年。

16.4.3 毕业设计（论文）工作的绩效评价与持续改进

16.4.3.1 毕业设计（论文）各个环节采用网上操作系统进行管理，实现了无纸化操作，信息数据存储、调用更便捷。通过征求意见，边用边改，进一步完善毕业设计（论文）网上系统。

16.4.3.2 教务处加大毕业设计（论文）重合度检测、校外评审的比例，加强网上系统的监管与实施，分析各学院毕业设计（论文）工作总结情况，以及召开期中教学质量会议、座谈会等，进一步加强对本科毕业设计（论文）的监控与管理，提高毕业设计（论文）的整体质量。

16.4.4 毕业设计（论文）工作的风险控制和机遇识别

16.4.4.1 毕业设计（论文）工作过程由学院指导小组、答辩委员会负责管理、协调、监督，最大限度确保答辩工作的公正公平，做到各个环节谁审核谁负责。

16.4.4.2 毕业设计（论文）网上操作系统，数据量大，包含学生的毕业设计（论文）综合评定，信息部门应确保网络安全、操作流畅。

16.4.4.3 开展毕业设计（论文）过程中，规避风险的同时，提高了学生综合运用所学知识的能力，分析问题、解决问题的能力，为学生撰写并发表高质量论文提供基础依据。

16.4.5　过程策划图

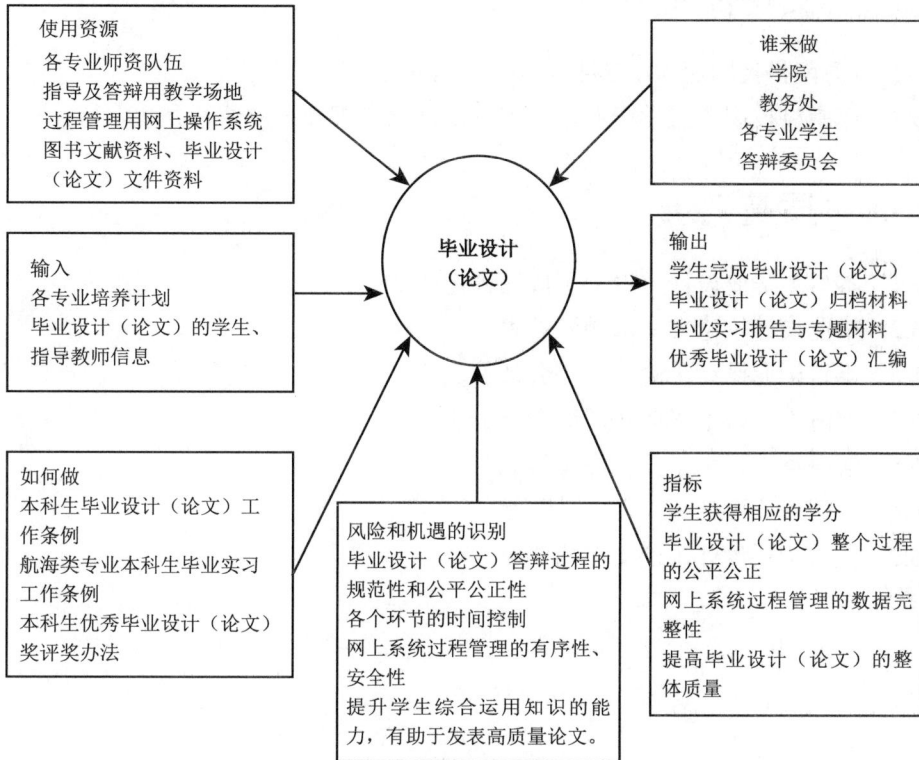

```
┌─────────────────────┐                              ┌─────────────────────┐
│ 使用资源            │                              │         谁来做      │
│ 各专业师资队伍      │                              │         学院        │
│ 指导及答辩用教学场地│                              │        教务处       │
│ 过程管理用网上操作系统                             │      各专业学生     │
│ 图书文献资料、毕业设计                             │     答辩委员会      │
│ （论文）文件资料    │                              │                     │
└─────────────────────┘                              └─────────────────────┘
```

```
┌─────────────────────┐              ╭───────────╮         ┌─────────────────────┐
│ 输入                │              │           │         │ 输出                │
│ 各专业培养计划      │─────────────▶│ 毕业设计  │────────▶│ 学生完成毕业设计（论文）
│ 毕业设计（论文）的学生、            │ （论文）  │         │ 毕业设计（论文）归档材料
│ 指导教师信息        │              │           │         │ 毕业实习报告与专题材料
└─────────────────────┘              ╰───────────╯         │ 优秀毕业设计（论文）汇编
                                                            └─────────────────────┘
```

```
┌─────────────────────┐   ┌──────────────────────┐   ┌─────────────────────┐
│ 如何做              │   │ 风险和机遇的识别     │   │ 指标                │
│ 本科生毕业设计（论文）工  │ 毕业设计（论文）答辩过程的  │ 学生获得相应的学分  │
│ 作条例              │   │ 规范性和公平公正性   │   │ 毕业设计（论文）整个过程
│ 航海类专业本科生毕业实习  │ 各个环节的时间控制   │   │ 的公平公正          │
│ 工作条例            │   │ 网上系统过程管理的有序性、 │ 网上系统过程管理的数据完
│ 本科生优秀毕业设计（论文）│ 安全性               │   │ 整性                │
│ 奖评奖办法          │   │ 提升学生综合运用知识的能  │ 提高毕业设计（论文）的整
└─────────────────────┘   │ 力，有助于发表高质量论文。 │ 体质量              │
                          └──────────────────────┘   └─────────────────────┘
```

16.4.6　工作流程图

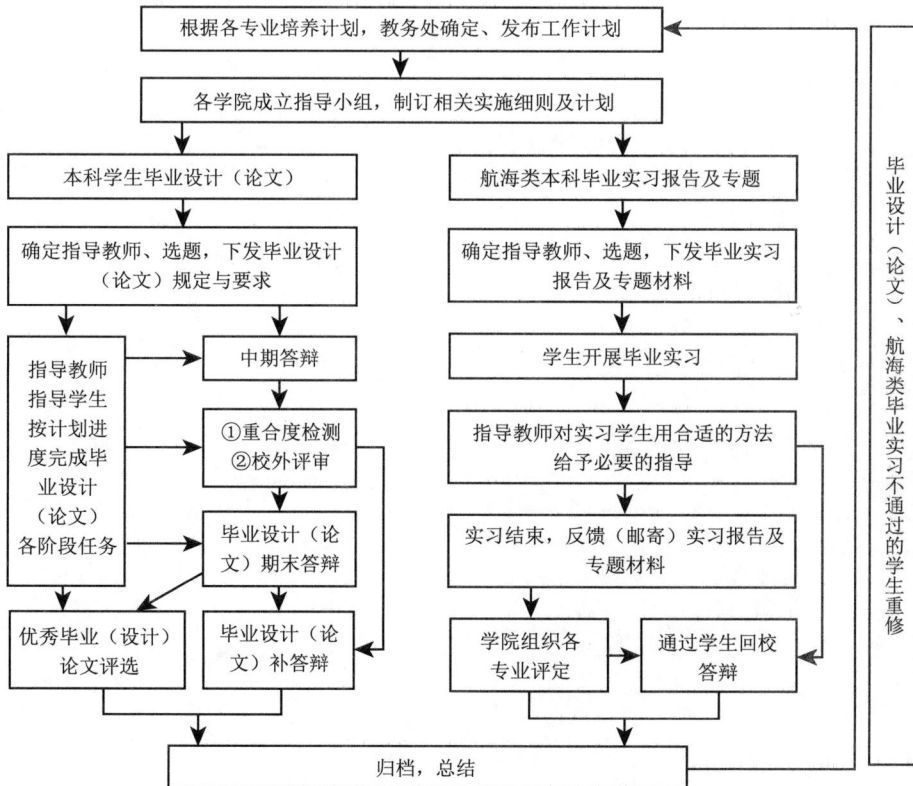

```
                    ┌────────────────────────────────────────┐
                    │ 根据各专业培养计划，教务处确定、发布工作计划 │◀──────────┐
                    └────────────────────────────────────────┘           │
                                      │                                   │
                    ┌────────────────────────────────────────┐           │
                    │ 各学院成立指导小组，制订相关实施细则及计划  │           │
                    └────────────────────────────────────────┘           │
                          │                        │                      │
          ┌───────────────────────┐    ┌───────────────────────┐          │  毕
          │ 本科学生毕业设计（论文） │    │ 航海类本科毕业实习报告及专题 │          │  业
          └───────────────────────┘    └───────────────────────┘          │  设
                    │                            │                         │  计
          ┌───────────────────────┐    ┌───────────────────────┐          │ （
          │ 确定指导教师、选题，下发毕业设计│ 确定指导教师、选题，下发毕业实习│          │  论
          │ （论文）规定与要求     │    │ 报告及专题材料         │          │  文
          └───────────────────────┘    └───────────────────────┘          │  ）
                    │                            │                         │  、
  ┌──────────┐  ┌───────────┐        ┌───────────────────────┐          │  航
  │ 指导教师 │  │ 中期答辩  │        │ 学生开展毕业实习       │          │  海
  │ 指导学生 │─▶└───────────┘        └───────────────────────┘          │  类
  │ 按计划进 │      │                        │                             │  毕
  │ 度完成毕 │  ┌───────────┐        ┌───────────────────────┐          │  业
  │ 业设计   │─▶│ ①重合度检测│        │ 指导教师对实习学生用合适的方法│          │  实
  │ （论文） │  │ ②校外评审 │        │ 给予必要的指导         │          │  习
  │ 各阶段任务│  └───────────┘        └───────────────────────┘          │  不
  └──────────┘      │                        │                             │  通
        │       ┌───────────┐        ┌───────────────────────┐          │  过
        │───────▶│ 毕业设计（论文）│      │ 实习结束，反馈（邮寄）实习报告及│          │  的
        │       │ 期末答辩  │        │ 专题材料               │          │  学
        │       └───────────┘        └───────────────────────┘          │  生
  ┌──────────┐  ┌───────────┐    ┌──────────┐  ┌──────────┐            │  重
  │ 优秀毕业（设计）│ 毕业设计（论文）│ │ 学院组织各│  │ 通过学生回校│◀───────────┘  修
  │ 论文评选 │  │ 补答辩    │    │ 专业评定 │─▶│ 答辩      │
  └──────────┘  └───────────┘    └──────────┘  └──────────┘
        │            │                 │            │
        └────────────┴─────────────────┴────────────┘
                    ┌────────────────────────────────────────┐
                    │              归档，总结                  │
                    └────────────────────────────────────────┘
```

16.5 支持性文件

16.5.1 《海南科技职业大学学生学籍管理规定》。

16.5.2 海南科技职业大学毕业资格审查及证书管理和发放暂行办法。

16.6 质量记录

16.6.1 本科生毕业设计（论文）成绩评定表。

16.6.2 毕业设计（论文）选题汇总表。

16.6.3 本科毕业设计（论文）综合评价表。

16.6.4 航海类本科生毕业实习综合评分表。

16.6.5 航海类本科生毕业实习答辩表。

16.6.6 优秀毕业设计（论文）推荐表。

16.6.7 优秀毕业设计（论文）摘要稿。

17 教学质量监控程序

17.1 目的

维护正常的教学秩序，促进和提高教学质量，为培养合格人才目标服务。

17.2 适用范围

全校教学督导工作。

17.3 职责

17.3.1 督导办负责组织教学督导工作的开展与实施。

17.3.2 学校专职、兼职督导随堂听课、座谈并对听课、座谈结果指导反馈。

17.3.3 督导办负责各班级教学信息员每月交一次反馈教学信息。

17.3.4 督导办负责每学期"三评教"活动（督导评、同行评、学生评）。

17.3.5 督导办负责撰写督导简报。

17.3.6 督导办负责教学质量评估、教学检查，配合教务处巡视考场等工作。

17.4 工作程序

17.4.1 督导办每学期负责召开一次教学督导工作会议。根据《海南科技职业大学教学督导委员会章程》文件精神，指导督导工作的开展与实施。

17.4.2 听课与座谈

17.4.2.1 学校专（兼）职督导根据《海南科技职业大学教学督导工作规程》开展督导听课等工作，填写督导工作记录表《听课评教评分表（理论课）》《听课评教评分表（实验实训课）》《教学督导情况反映表》于月底前上交督导办，听课后，及时向授课教师反馈听课意见，交流指导。

17.4.2.2 学校专、兼职督导每学年至少组织一次座谈会，做好会议记录，总结座谈会反馈的问题及建议，并及时向各学院、督导办等部门反馈问题。

17.4.2.3 各学院专职教师每月听课两次，并填写《听课评教评分表（理论课）》《听课评教评分表（实验实训课）》，听课后及时向授课教师反馈听课意见，听课评价表于月底交各学院汇总，统计。

17.4.3 信息员聘任与管理

17.4.3.1 根据《海南科技职业大学教学信息员工作暂行规定》，督导办每学年召开一次督导教学信息员会议，总结经验、表彰先进、布置新任务、聘任下一期学生信息员。

17.4.3.2　督导办每月接收各学院各班级教学信息员 1 次书面《教学情况反映》信息；反馈的问题及建议，并及时向各学院、教务处等相关部门反馈问题。

17.4.4　三评教活动

17.4.4.1　学生评教由各学院辅导员组织班级学生进行网上评教，填写《海南科技职业大学教师教学质量评分表（学生用）》。评教结果由督导办从系统导出转发各学院。

17.4.4.2　教学督导评教由督导办根据专、兼职督导听课评教计算教师所得分数，统计后于学期末转发至各学院。

17.4.4.3　同行评教由各学院统计教师评教所得分数。

17.4.4.4　学期末各学院将收集到学生评教、督导评教、同行评教评价表，根据《海南科技职业大学教师教学质量测评办法（试行）》的要求，将本学院所有任课教师的三评教分数汇总，填写《评教情况汇总表》《评教结果统计表》《评教评分统计表》将评教结果汇总交督导办。

17.4.5　督导简报

督导办根据信息汇总情况，撰写督导简报，并发至相关部门。

17.4.6　检查和评估结果的处置

17.4.6.1　督导办及督导员在期初、期中、期末开展教学前准备、教学计划执行和教学效果大检查活动。

17.4.6.2　督导办收集到质量投诉或发现教学过程异常情况，10 个工作日内与被投诉部门或异常部门联系，对反映的情况进行调查核实，并保存调查记录。

17.4.6.3　当投诉内容与事实不一致时，由督导办依据调查结果向投诉方做出说明。

17.4.6.4　对存在的不符合情况，督导办根据《海南科技职业大学教学事故的认定及处理办法》提出处理意见，报分管校领导审批，同时报送校质管办。

17.4.6.5　质管办根据不符合的具体情况，向有关部门提出整改建议，各部门应根据质管办建议制定纠正和预防措施。

17.4.6.6　对问题严重，且仅由个别部门无法解决的潜在不符合因素，由质管办报请管理者代表研究解决。

17.4.7　海南科技职业大学教学督导工作流程图

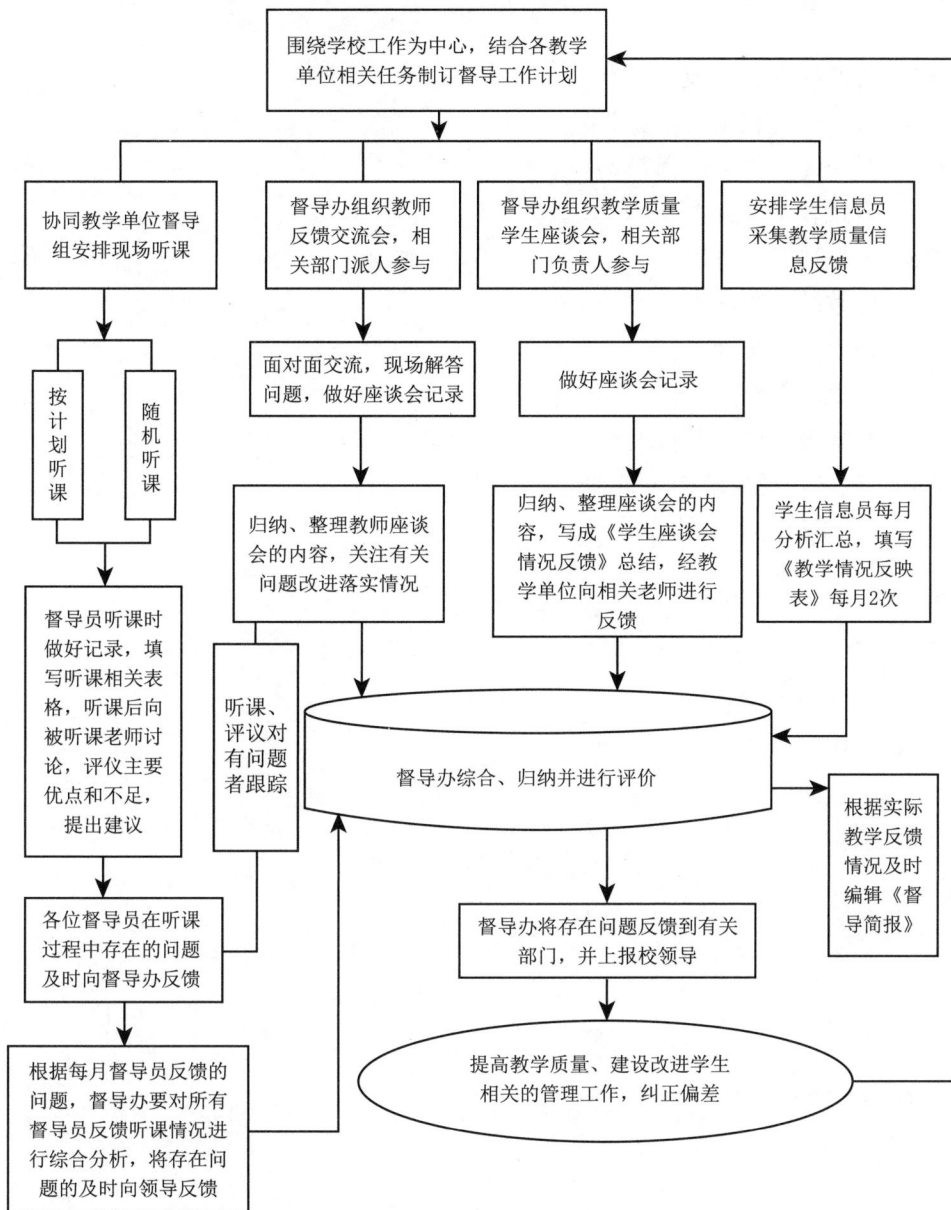

围绕学校工作为中心，结合各教学单位相关任务制订督导工作计划

协同教学单位督导组安排现场听课

督导办组织教师反馈交流会，相关部门派人参与

督导办组织教学质量学生座谈会，相关部门负责人参与

安排学生信息员采集教学质量信息反馈

按计划听课

随机听课

面对面交流，现场解答问题，做好座谈会记录

做好座谈会记录

督导员听课时做好记录，填写听课相关表格，听课后向被听课老师讨论，评仪主要优点和不足，提出建议

归纳、整理教师座谈会的内容，关注有关问题改进落实情况

归纳、整理座谈会的内容，写成《学生座谈会情况反馈》总结，经教学单位向相关老师进行反馈

学生信息员每月分析汇总，填写《教学情况反映表》每月2次

听课、评议对有问题者跟踪

督导办综合、归纳并进行评价

根据实际教学反馈情况及时编辑《督导简报》

各位督导员在听课过程中存在的问题及时向督导办反馈

督导办将存在问题反馈到有关部门，并上报校领导

根据每月督导员反馈的问题，督导办要对所有督导员反馈听课情况进行综合分析，将存在问题的及时向领导反馈

提高教学质量、建设改进学生相关的管理工作，纠正偏差

17.5　支持性文件

17.5.1　《海南科技职业大学教学督导委员会章程》。

17.5.2　《海南科技职业大学教师教学质量测评办法（试行）》。

17.5.3　《海南科技职业大学教学信息员工作暂行规定》。

17.5.4　《海南科技职业大学教学督导工作规程》。

17.5.5　《海南科技职业大学听、评课制度（试行）》。

17.5.6　《海南科技职业大学教学事故的认定及处理办法》。

17.6　质量记录

17.6.1　听课评价表（理论课）。

17.6.2　听课评价表（实验实训课）。

17.6.3　听课评价表（体育课）。

17.6.4　实践教学督查表。

17.6.5　评教情况汇总表。

17.6.6　评教结果统计表。

17.6.7　评教评分统计表。

17.6.8　专兼职督导推荐表。

17.6.9　教学督导情况反映表。

17.6.10　教学情况反映表（教学信息员用）。

17.6.11　教学信息员推荐表。

18　质量记录控制程序

18.1　目的

对质量记录进行控制与管理，为质量体系的有效运行提供证据。

18.2　适用范围

质量体系运行过程中所形成的与质量活动有关的记录。

18.3　职责

18.3.1　质量活动的责任人负责相关质量记录的填写。

18.3.2　质量管理员负责电子文档的归口管理。

18.3.3　各部门负责本部门形成的纸质文档及电子文档质量记录的收集、整理、审核、标识、保存、检索、销毁和归档。

18.3.4　质管办负责质量记录保存情况的监控。

18.3.5　各部门负责归档后的质量记录的立卷储存、保管和处理。

18.4　工作程序

18.4.1　质量记录的范围

18.4.1.1　在质量体系运行过程中形成的各种工作记录，包括程序文件等质量体系文件中规定的相关记录。

18.4.1.2　质量记录可以是书面的，也可以是电子媒体等其他媒介形式。

18.4.2　质量记录的填写及更改

18.4.2.1　质量记录由某项质量活动的责任人在完成该项质量活动后及时填写。

18.4.2.2　质量记录填写人员应逐项填写质量记录的所有项目，如某一项目无内容，应填写"无"。

18.4.2.3　质量记录可手写或打印。质量记录应整洁、清晰。

18.4.2.4　质量记录内容更改时，可划去错误处，在附近合适位置填写正确的内容，并签上填写人姓名及时间。

18.4.2.5　质量记录，一定要注明时间，以便追溯。

18.4.3　质量记录的标识

18.4.3.1　各种记录表格，应有名称及编号。

18.4.3.2 其他的质量记录，以其形成时间、记录名称作为标识。

18.4.4 质量记录的收集

18.4.4.1 各部门指定专人负责本部门质量记录的收集、整理工作。

18.4.4.2 各部门应有一份表明质量记录情况的清单，受控部门的质量管理员负责本部门质量记录清单的编制。

18.4.5 质量记录审核

18.4.5.1 各部门质量管理员对本部门的质量记录进行审核。

18.4.5.2 审核员在内审过程中检查质量记录。

18.4.6 质量记录的归档

18.4.6.1 质量记录的归档时间范围及需要按学校规定进行。

18.4.6.2 质量管理的有关归档记录（保存期限）为：

a) 质量体系证书（永久）。

b) 外部质量审核记录（长期）。

c) 质量体系文件（长期）。

d) 管理评审记录（长期）。

18.4.6.3 不需归档的记录，各部门根据需要进行保存或销毁，销毁的质量记录应在质量记录清单中注明。

18.4.7 质量记录的保管

18.4.7.1 质量记录形成后，制作部门《质量记录清单》，由质量记录存档部门保管。

18.4.7.2 根据《海南科技职业大学档案管理规定》的要求需移交档案馆的质量记录，移交时填写《质量记录移交清单》，移交清单由移交部门和存档部门存档，档案馆人员按照国家和学校档案管理的规定进行管理。

18.4.8 电子文档的管理

18.4.8.1 从电子文档形成到使用过程，质量管理员要熟悉保存地址及路径。

18.4.8.2 归档电子文档同时存在相应的纸质或其他载体形式的文件时，则应在内容、相关说明及描述上保持一致。

18.4.8.3 具有保存价值的电子文档，必须复制到硬盘或 U 盘，执行《文件与资料控制程序》。

18.5 支持性文件

《海南科技职业大学档案管理规定》。

18.6 质量记录

18.6.1 质量记录移交清单。

18.6.2 质量记录清单。

19　纠正措施和质量风险管理程序

19.1　目的

对存在的和潜在的不符合因素进行控制，维护质量体系的有效性。对学校、人员及环境已标识的风险进行评估及制定适当的防范措施，根据评估结果采取消除或减少其危险状况的控制措施，确保工作的安全进行。

19.2　适用范围

对质量体系运行过程中所发生的或潜在的不符合，来自各方面的不符合信息、以及内外审开具的不符合项和建议项等采取的措施。对影响培训质量的潜在风险的识别、分析、评估和应对等过程进行控制。

19.3　职责

19.3.1　各部门负责本部门内纠正和预防措施的制定和实施。

19.3.2　质管办负责全校纠正和预防措施的监督和验证。

19.3.3　人事处负责质量投诉的调查、处理、验证。

19.3.4　管理者代表负责跨部门纠正和预防措施的组织与协调。

19.3.5　管理评审负责重大纠正和预防措施的审定。

19.3.6　各部门负责本部门内质量风险管理。

19.4　纠正措施工作程序

19.4.1　不符合信息的获取

19.4.1.1　教职工、学生的投诉、各部门的投诉和校长信箱中的意见。

19.4.1.2　用人单位和社会反馈的信息。

19.4.1.3　内外质量审核确定的不符合项和建议项。

19.4.1.4　教学检查、课程考核结果与分析。

19.4.1.5　召开学生、教师座谈会采集的意见。

19.4.2　不符合信息的处理与传递

19.4.2.1　人事处收到质量投诉后，填写《质量投诉报告单》7个工作日内与被投诉部门联系，对反映的情况进行调查核实，并保存调查记录。

19.4.2.2　对存在的不符合情况，人事处以不符合报告形式将调查结果通报被投诉部门，被投诉部门依据调查结果，制订纠正和预防措施及实施计划并报人事处，形成《纠改与预防措施报告》。用人单位和社会反馈的信息由就业办及时反馈给相关部门进行整改。教学检查、课程考核中出现的不符合信息以及召开学生、教师座谈会采集的意见，由教务处受理，及时反馈给相关部门进行整改。

19.4.2.3　当投诉内容与事实不一致时，由人事处依据调查结果向投诉方做出说明。

19.4.2.4　人事处根据不符合的具体情况，向有关部门提出整改建议，各部门应根据人事处建议制定纠正和预防措施。

19.4.2.5　内部质量审核过程中发现的不符合信息，应按照《内部质量审核程序》中的有关规定传递和处理。

19.4.2.6　外部审核中发现的不符合信息，在外部审核结束后，质管办对审核组出具的不符合报告与责任部门共同分析研究，制定纠正措施，并协调、督促各相关部门落实。

19.4.3　纠正措施的实施与监督

19.4.3.1　被投诉部门按纠正措施及实施计划进行纠正。对内外审开具的不符合项和建议项按照纠正时限进行整改，最长时限不超过三个月。

19.4.3.2　在采取纠正措施的过程中，人事处会同责任部门进行跟踪检查和验证。

19.4.3.3　人事处将投诉的处理结果或纠正措施答复投诉方。

19.4.4　预防措施的制定与实施

19.4.4.1　各部门应充分利用各种信息途径，及时发现本部门和学校其他部门潜在的不符合因素。

19.4.4.2　本部门的潜在不符合因素，应及时采取有效的预防措施，形成《纠改与预防措施报告》。

19.4.4.3　对其他部门潜在的不符合因素，一方面要提醒该部门及时采取有效的预防措施，另一方面应通知质管办，对其采取的预防措施进行验证。

19.4.4.4　对问题严重，且仅由个别部门无法解决的潜在不符合因素，由质管办报请管理者代表研究解决。

19.4.4.5　质管办将一年来纠正、预防措施、投诉处理的各项信息和体系运行情况进行统计、分析，将分析报告交管理者代表，作为输入信息交管理评审会议评审。

19.5　质量风险管理程序

19.5.1　风险识别

19.5.1.1　根据风险发生的可能性大小（可能性因数）和造成危害大小（危害因数）这两个因数来识别风险。依据风险的来源，各受控部门识别常规风险并编制控制措施。

19.5.1.2　风险存在于船员培训和质量控制的日常工作、关键性操作和关键设备的维护保养中，为了让与这些培训、教学相关的风险能够得以识别并给予特定的控制。

19.5.1.3　船员培训在进行非常规操作前，应进行风险评估，识别操作是否可进行，并降低培训事故与伤害的可能性。

19.5.2　风险评估程序

19.5.2.1　学校风险评估是指对船员培训各项培训、教学活动针对其性质所可能造成危害仔细调查，从而就是否已采取足够的预防措施或是否应做更多工作去预防危害而作决定。其目的是将学校发生意外及影响健康之类的情况降到最低限度。

19.5.2.2　识别危险源

识别危险源时，可以对下列三个问题作出考量：

危险源是什么？

将造成什么人或物的损害？

危害将如何发生？

19.5.2.3　评估风险可能性

识别的所有危险源发生的可能性，可以分为4种程度：

可能性极低—可能性分值为1

可能性小（很长时间后才可能发生）—可能性分值为2

有可能—可能性分值为3

可能性很大（在短时间内就可能发生）—可能性分值为4

19.5.2.4　判断风险危害

识别的所有危险源一旦发生后造成危害的大小，可分为四类：

没有危害—危害分值为1

轻度危害—危害分值为2

危害—危害分值为3

严重危害—危害分值为4

19.5.2.5　风险评估

风险分值、风险等级和风险水平将识别的危险源的风险可能性分值和危害分值相乘，得出风险分值，风险分值与风险等级和风险水平的对应关系如下表所示：

风险分值	风险等级	风险水平
1	极低	低风险
2	低	
3		
4	中等	中等风险
6		
8		
9	高	高风险
12		
16	很高	

19.5.2.6　风险控制

减小风险最有效的方法是完全的消除危害，但是在实际中，这点很难做到，因此对风险的控制是必须的。根据风险等级，制定风险控制行动措施见下表：

风险等级	行动措施
极低	该风险认为是可以接受的；除非要维持这种风险等级，就不需要采取进一步的行动
低	除了在低耗费的条件下，就不用采用另外的控制措施。可考虑加以改进。需加以监督以确保控制得以保持
中等	努力去减轻风险。减少风险的措施应在规定的时间内执行，要维持好控制措施的安排，尤其是风险带来的结果
高	停止培训，直至危险降低为止。需分配当多的资源以降低风险。凡在培训进展中已经涉及风险，需要采取迫切行动，或采用临时的控制措施。要维持好控制措施的安排，尤其是风险导致的结果是极度或非常危害时
很高	这类风险是不能接受的。该项作业应该立即停止，直到实施风险管控的措施使之降低到不再是很高的风险。即使有无限资源，如果没有降低风险的可能性，就应禁止该项培训

19.5.2.7　风险管理

a）风险评估由教员、教师在咨询部门负责人和咨询可认为能够提供一个积极参考意的任何其他适当的人员的情况下完成。

b）当评估的风险水平为低风险时，可开始评估的培训活动；当评估的风险水平为中等或高时应立即报告部门长。

c）部门负责人得到的风险水平为中等报告后，应组织相关人员采取措施消除或降低危害、进行人员培训、加强安全保护、采取必要的预防措施及张贴警告标志等。对应措施降低风险后进行再评估，直至风险水平降低至低风险时方可开始作业。

d）部门负责人得到的风险水平为高的报告后，应立即将评估情况报告学校质管办，质管办收到报告后向质量管理代表报告，量管理代表接报告后召集学校相关部门商讨相应的措施，并指导部门采取降低风险的措施后进行再评估，直至风险水平降至低风险后方可进行作业。

19.5.2.8　风险评估存档

风险评估结果为低风险和中等风险时，《风险评估表》由部门存档，风险评估结果为高风险时由部门及质管办共同存档。

19.6　支持性文件

19.6.1　《海南科技职业大学学生纪律处分实施细则》。

19.6.2　《学生学籍注册和毕业证书管理程序》。

19.6.3　《质量记录控制程序》。

19.6.4 《文件与资料控制程序》。

19.6.5 《内部质量审核程序》。

19.7　质量记录

19.7.1 质量投诉报告单。

19.7.2 纠正与预防措施报告。

19.7.3 风险评估表。

20　文件与资料控制程序

20.1　目的

规范质量管理体系有关文件与资料的管理和控制，确保使用文件和资料版本的有效性、完整性。

20.2　适用范围

与船员教育和培训活动有关的所有文件与资料，包括国内外相关的公约、法律、规章，以及本单位内外涉及船员培训的管理规定、教学文件及相关的外来文件等。

20.3　职责

20.3.1　各部门根据本部门职责进行质量管理体系文件的起草、修改，负责本部门受控文件、资料的保存和使用。

20.3.2　质管办负责组织编写、修订质量体系文件；负责体系文件的发放、回收和归档。

20.3.3　学院、船员培训中心和质管办相关工作人员负责通过各种途径收集来自海事管理部门网站发布的文件，海事部门召开有关会议的文件。质管办质管办不定期汇总、及时更新文件，及时替换作废文件。

20.3.4　学校办公室公文执行科负责各类行政文件和外来文件的管理、归档。

20.3.5　管理者代表负责组织质量体系文件的编制、修改，审核和外来文件受控的督促、检查。

20.3.6　最高管理者负责质量管理体系文件的批准签发。

20.4　工作程序

20.4.1　受控文件与资料

20.4.1.1　受控文件与资料包括：①质量管理体系文件；②教学计划/课程教学大纲/实践、实习大纲（指导书）；③各类训练、培训考核标准；④教师授课计划/课程表/教师的任职资格标准。

20.4.1.2　质量管理体系文件包括质量手册、程序文件、支持性文件、岗位职责、质量记录。

20.4.1.3　支持性文件包括与船员教育和培训相关的国际公约、法律、法规、规章、技术规范、标准等外来文件、学校的规章制度、技术性文件、操作规范、岗位职责、作业指导书等。

20.4.2 质量管理体系文件的标识方法

20.4.2.1 质量手册标识为（A）

文件编号为：

HNKJ / A /

① ②

① ——— 学校代号

② ——— 质量手册

20.4.2.2 程序文件标识为（B）

文件编号为：

HNKJ / B / □□ □□

① ② ③ ④

① ——— 学校代号

② ——— 程序文件

③ ——— 对应质量要素代码

④ ——— 对应质量要素的程序文件序号

20.4.2.3 岗位职责标识为（C1）

文件编号为：

HNKJ / C1 / □□ – □

① ② ③ ④

① ——— 学校代号

② ——— 岗位职责

③ ——— 受控部门代码

④ ——— 流水号

20.4.2.4 内部支持性文件标识为（C2）

文件编号为：HNKJ / C2 / □□

① ② ③

① ——— 学校代号

② ——— 内部支持文件

③ ——— 流水号

20.4.2.5 外部支持性文件标识为（C3）

文件编号为：HNKJ / C3 / □□

① ② ③

① ——— 学校代号

② ——— 外来引用文件

③ ——————— 流水号

20.4.2.6 质量记录标识为（C4）

文件编号为：HNKJ／C4／□□ □□-□

　　　　　　　① 　② 　　③ 　④

① ——————— 学校代号

② ——————— 质量记录

③ ——————— 对应程序文件编号

④ ——————— 流水号

20.4.2.7 质量管理体系文件版本号标识

版本号以 A、B、C…表示先后，修改状态以 0、1、2、3…表示次数

版本号：A／0

　　　　① 　②

① ——————— 版本号顺序

② ——————— 修改状态

20.4.3 质量管理体系文件的编制

20.4.3.1 质量手册由质管办编制、修订。

20.4.3.2 程序文件由质管办组织有关部门编制。

20.4.3.3 岗位职责由人事处指导各部门组织编制。

20.4.3.4 其他方面的技术文件由有关部门组织编制。

20.4.4 质量管理体系文件的审批

20.4.4.1 质量手册由学校最高管理层审定，管理者代表审核，最高管理者（校长）批准签发。

20.4.4.2 程序文件经相关部门会签后，由管理者代表审核，最高管理者（校长）批准签发。

20.4.4.3 岗位职责的审批：

a）校级领导岗位职责由管理者代表审核、最高管理者批准签发。

b）行政正职干部的岗位职责由分管校领导和管理者代表审核，最高管理者（校长）批准签发。

c）其他人员的岗位职责，由本部门正职审定。

20.4.4.4 质量管理体系文件编制完成后，各受控部门负责人对质量管理体系文件进行会签，填写《质量管理体系文件会签表》。

20.4.4.5 内部管理文件，按《海南科技职业大学公文处理办法》办理。

20.4.4.6 对审核不符合的各类文件，应退回原编制部门修改，修改后重新按原程序审批。

20.4.5 受控文件和资料的发放与控制

20.4.5.1 校内受控文件、资料的发放与控制。

a）质量管理体系文件由质管办负责印制。

b）以海南科技职业大学名义发布的，与质量管理体系相关的文件，按照《党政机关公文处理工作条例》《海南科技职业大学公文处理办法》处理。

c）质量管理体系各受控部门负责本部门各种管理文件和资料的编制和印发，按《海南科技职业大学公文处理办法》办理，需要列为受控文件或资料的，由本部门质量管理员列入本部门《受控文件清单》。

20.4.5.2　外来受控文件、资料的发放与控制。

a）公文执行科收到外来文件后，通过 OA 办公系统，填写《外来文件呈批单》，呈校领导签批。收到的与船员教育和培训有关的外来文件，列入《受控文件清单》。

b）公文执行科依据《海南科技职业大学档案管理规定》的要求，每年将文件／资料汇总后移交档案馆归档，并填写《质量记录移交清单》。

20.4.6　文件的修改

20.4.6.1　文件条款修改的依据为：

a）质量投诉与建议。

b）内部质量审核及外部质量审核的不符合报告。

c）学校机构变动。

d）国际、国内强制性新法规要求。

20.4.6.2　文件修改的审核、批准按受控文件的审批程序进行。

20.4.6.3　文件修改批准后，应注明新文件的生效日期。

文件修改批准后，由质管办科员实施修改，文件更改时用"斜体字"加粗代表修改部分。采用全新版本更改时，应变更版本标识。

20.4.6.4　涉及质量手册、程序文件和岗位职责的程序性或结构性的重大修改（改版），由质管办提出修改（改版）计划，经管理者代表审批后，组织实施，文件经修改（改版）后，报管理者代表审核，最高管理者批准和签发，质管办负责发布更新，注明新文件的生效日期，进行修改状态标识。

20.4.6.5　质量手册、程序文件和岗位职责不涉及程序性或结构性的轻微修改，由文件修改提出部门填写《文件修改申请单》，若修改内容涉及其他部门，应有其他部门会签意见，部门负责人审查，报质管办批准。

20.4.6.6　《文件修改申请单》作为质量记录，由质管办保存到换版。

20.4.7　受控文件和资料的管理

20.4.7.1　外来受控文件和以学校文头发布的受控文件由质管办保留一份书面备份并负责归档。

20.4.7.2　质管办向受控单位发放一套电子版的质量管理体系文件和质量手册、岗位职责、程序文件纸质版，方便各单位组织学习和宣贯，发放的质量体系文件列为受控版本。

20.4.8 受控文件的作废

20.4.8.1 质量管理体系文件由质管办确定作废。

20.4.8.2 质量管理体系各受控部门编制和印发的本部门各种受控文件和资料由本部门质量管理员确定作废,确定作废的受控文件应销毁或加盖作废章,并报质管办。

20.5 支持性文件

20.5.1 质量记录控制程序。

20.5.2 纠正措施和质量风险管理程序。

20.5.3 《海南科技职业大学档案管理规定》。

20.5.4 《海南科技职业大学受控章管理规定》。

20.5.5 《海南科技职业大学公文处理办法》。

20.6 质量记录

20.6.1 外来文件呈批单。

20.6.2 校内公文会签表。

20.6.3 ××××年××月外来公文汇总表。

20.6.4 ××××年公文处理质量记录表。

20.6.5 受控文件清单。

20.6.6 质量体系文件会签表。

20.6.7 文件修改申请清单。

20.6.8 质量记录移交清单。

21 内部质量审核程序

21.1 目的

验证质量体系的符合性、有效性和连续性，不断改进与完善质量体系。

21.2 适用范围

质量体系受控部门。

21.3 职责

21.3.1 管理者代表负责年度内部审核计划的审批。

21.3.2 质管办负责内部审核工作安排，负责内部审核组织和纠正与预防措施的跟踪验证，负责不符合报告发放、登记。

21.3.3 质管办负责年度内部审核计划的制订和内部审核的具体实施。

21.3.4 审核员根据分工，进行独立、公正审核，填写检查表，开具不符合报告。

21.3.5 各部门应对审核员的工作给予配合，并对内部质量审核中发现的不符合项采取纠正措施。

21.3.6 在内审结束后的 3 个月内，由质管办将内部审核报告按照要求逐级上报审批、定稿完成后，报送审核机构。

21.4 工作程序

21.4.1 年度内部审核计划

21.4.1.1 质管办每年 3 月拟制《年度内审计划》，根据《中华人民共和国船员培训和船员管理质量管理规则》要求内部审核每年至少进行 1 次。内部审核计划至少包括：a. 审核目的、范围；b. 审核的时间安排；c. 审核组的组成。

21.4.1.2 年度内部审核计划由管理者代表审批。

21.4.2 内部审核员的资格及聘任

21.4.2.1 内审员应参加审核机构组织的审核员培训，并获得相应的内审员资格证书。

21.4.2.2 管理者代表任命审核组组长和其他内审员。

21.4.2.3 内审员不得参加与本人有直接责任关系部门的审核。

21.4.3 内部审核的准备

21.4.3.1 在审核开始之前，审核组组长召开审核预备会，学习相关文件，提出审核要求，在征求审核员意见的基础上，给每个审核员分配具体审核任务。

21.4.3.2　审核组组长和各受控部门协商后制订《内部审核实施计划》，上报管理者代表。内部审核实施计划至少包括：a. 审核目的；b. 审核范围（要素或区域）；c. 审核依据的文件（质量体系文件和相关支持文件）；d. 审核组成员及分工；e. 审核日期；f. 首次会议、末次会议地点及时间（由审核组组长根据具体情况而定）；g. 审核活动的日程安排。

21.4.3.3　审核组提前向受审核部门发出内部审核实施计划，由受审核部门确认本部门内部审核实施计划。如受审核部门对具体审核时间、审核项目及审核员的安排有异议，在接到内部审核实施计划后两日内通知审核组，经协商后由审核组组长再作安排，内部审核实施计划若有较大变动，应报质管办。

21.4.3.4　受审核部门确认审核实施计划后，应在人员、工作上做好迎审准备。

21.4.4　首次会议

21.4.4.1　现场审核开始之前召开首次会议。首次会议由审核组组长主持。首次会议应至少包括以下内容：a. 向被审核方介绍审核组成员及分工；b. 宣布审核的目的、范围及审核依据；c. 说明审核日程安排和审核方法；d. 提出保障条件的配合要求。

21.4.4.2　参加首次会议的人员为审核组成员、受审核部门领导及主要工作人员。

21.4.4.3　首次会议由审核组保存会议记录。

21.4.5　现场审核

21.4.5.1　审核组按照计划进行审核。必要时，经审核组组长同意可变更审核项目或审核时间。

21.4.5.2　审核组成员按照独立、客观、公正的原则进行审核。认真填写《内部审核现场审核记录》，对检查中的不符合项、建议项如实填写《不符合报告》《内部审核建议项清单》。

21.4.5.3　审核员在审核现场发现的不符合项，应当场由该项工作责任人（或主管领导）确认。

21.4.5.4　现场审核结束后，审核组组长主持召开审核组会议，总结审核过程，确定所有不符合报告，准备审核结论。必要时管理者代表可列席审核组会议。

21.4.5.5　不符合项类型分为重大不符合项、一般不符合项两个等级。

21.4.5.6　重大不符合项：指体系文件或质量管理体系的运行与体系审核要求和依据文件有较大的抵触或严重的不符合。

21.4.5.7　一般不符合项：指体系文件或质量管理体系的运行与体系审核要求和依据文件有较小的抵触或轻微的不符合，并且对质量管理体系连续和有效运行的影响表现为明显的偶然性或局限性。

21.4.6　末次会议

21.4.6.1　现场审核结束后，由审核组组长主持召开末次会议。末次会议包括下列内容：a. 介绍审核总体情况，宣布审核结论；b. 不符合项的数量及不符合报告；c. 提出纠正措施要求及完成纠正措施的时限。

21.4.6.2　末次会议的参加人员要求与首次会议相同，必要时，也可让不符合项责任人参加会议。

21.4.6.3　末次会议由审核组保存会议记录。

21.4.6.4　会议结束后提交《质量管理体系内部审核报告》。

21.4.7　纠正措施的跟踪验证

21.4.7.1　受审核部门对内审过程中出现的不符合，应及时制定纠正措施，明确完成纠错时间，纠错改正时限不超过 3 个月。

21.4.7.2　对于因体系原因产生的不符合，质管办协调相关部门进行文件修改或建议学校改善工作环境、增加资源投入。

21.4.7.3　对责任部门完成纠正措施的情况，质管办派出审核员进行跟踪验证。

21.4.7.4　审核员完成跟踪验证后做出验证评价，向质管办报告跟踪验证结果。

21.4.8　内部质量审核的结果及整改措施落实情况将提交管理评审会议讨论，并将最终结果在内审结束三个月内上报主管海事机关。

21.5　支持性文件

21.5.1　纠正和预防措施控制程序。

21.5.2　质量记录控制程序。

21.5.3　文件与资料控制程序。

21.5.4　《中华人民共和国船员培训和船员管理质量管理规则》。

21.6　质量记录

21.6.1　质量管理体系内部审核实施计划。

21.6.2　质量管理体系内部审核现场审核记录。

21.6.3　内部审核不符合报告。

21.6.4　年度内审计划。

21.6.5　质量管理体系内部审核报告。

21.6.6　内部审核建议项清单。

22 管理评审程序

22.1 目的

确保船员教育和培训质量管理体系具有持续的适宜性、充分性和有效性，满足既定的质量方针、质量目标的要求。

22.2 适用范围

学校内部的管理评审。

22.3 职责

22.3.1 最高管理者对学校质量体系做阶段性评价。

22.3.2 最高管理者负责组织、主持管理评审。

22.3.3 管理者代表做质量管理体系运行情况报告。

22.3.4 教务处负责汇报教学管理质量、教学督导和评估的情况。

22.3.5 海事学院负责汇报学生教育教学管理情况。

22.3.6 船员培训中心负责汇报船员培训方面的情况。

22.3.7 人事处负责质量投诉情况的汇总和汇报。

22.3.8 质管办负责将内审、外审情况的汇总与汇报，对质量目标完成情况进行汇总分析，对管理评审会议进行记录，监督会议决议落实情况，向审核机构报告评审结果。

22.3.9 其他各受控部门负责准备、提供与本部门质量管理职能分工有关的评审所需材料，并负责管理评审会议相关决议的落实。

22.4 工作程序

22.4.1 质管办于年初拟制《管理评审计划》，报管理者代表审核、最高管理者审批。

22.4.2 管理评审一般每年举行一次，如遇特殊情况，由最高管理者确定是否增加次数并做出说明。

22.4.3 管理评审由最高管理者主持（如遇最高管理者因特殊原因不能主持时，由管理者代表代为主持，但应事后向最高管理者进行汇报），管理者代表、教务处、海事学院、质管办等体系内各单位负责人参加。

22.4.4 管理评审的输入

管理评审的输入包括以下有关信息：

a. 质量方针和目标的适应性。

b. 内部审核的结果。

c. 用人单位、学生的反馈（包括意见、建议和投诉）。

d. 对教学（训练）过程进行常规的检查和评估的结果。

e. 对学生进行常规的考试和考核的结果。

f. 对以往管理评审的决议和落实措施的验证。

g. 对质量管理体系改进的建议。

22.4.5　管理评审的输出

管理评审的输出包括与以下方面有关的决定和措施：

a. 对质量管理体系及其过程有效性改进的决议。

b. 与用人单位要求有关的学生质量改进的决议。

c. 对人员、设施、环境等资源的新的需求和组织结构的调整。

d. 对质量体系文件（包括质量方针和质量目标）修改的决议。

22.4.6　管理评审结束后，由管理者代表组织编写《管理评审报告》，最高管理者批准。

22.4.7　质管办负责管理评审会议的记录，形成《管理评审记录》。负责将管理评审报告发放到体系内各单位，有关单位对会议决议进行贯彻落实，质管办对决议落实情况进行监督。

22.4.8　质管办将管理评审报告在 3 个月内报送审核机构。

22.5　支持性文件

全部质量管理体系文件。

22.6　质量记录

22.6.1　管理评审记录。

22.6.2　**管理**评审计划。

22.6.3　管理评审报告。